소심해도 때로는 당당하게

不懂拒绝,你就注定吃亏一辈子
by Zhou Weili

눈치 안 보고 똑 부러지게 거절하는 기술

소심해도 때로는 당당하게

저우웨이리 지음
고보혜 옮김

이터

뻔뻔하고 당당하게
거절하는 기술

● 워싱턴주립대학교에서 만난 제자 한 명이 얼마 전 마침내 괜찮은 일자리를 구했다고 알려오며 동시에 고민도 털어놨다.

"주변 사람들이 저를 보며 참 친절하다고 칭찬해줄 때마다 자랑스러웠어요. 그런데 이상하게 점점 더 힘들어지더라고요. 저는 저 자신을 잃어버렸어요. 남을 위해서만 살고 정작 내가 원하는 것은 한마디도 말 못 하는 불쌍한 인간이 되어버렸어요. 이제라도 저 자신을 되찾아야겠다는 생각이 들지만 말할 수가 없어요. 행동으로 옮길 수도 없고요!"

실은 아주 흔히 있는 일이다. 실제로 많은 이들이 다른 사람의 요청을 쉽게 거부하지 못한다. 분명 불합리한 요구이고 스스로 원하지도 않는데 자기도 모르게 승낙해버린다.

'거절했다가 혹시 관계에 금이 가면 어쩌지? 손해라도 보면 어쩌지?'

이런 걱정이 머릿속에서 점점 더 커지면서 온갖 잡다한 생각으로 이어진다.

'무조건 승낙해야 해.'

'거절하면 무슨 일이 생길지 겁나.'

'실망시키고 싶지 않아.'

그러다 보면 나의 자유의지는 파괴되고 원래의 감정을 서서히 잃어버리게 된다. 과감하게 내 의사를 표현하거나 정말 하고 싶은 일도 할 수 없게 된다. 결과적으로 삶의 만족도나 즐거움도, 일의 성취감도 점점 더 줄어든다. 한번 돌이켜 생각해보자.

- 나는 무슨 부탁이라도 다 들어주는 사람인가?
- 내 일은 뒤로 미루는 한이 있더라도 남의 부탁을 항상 우선순위에 두고 있는가?
- 속으로는 불합리하다고 느끼고 원하지 않아도 다른 사람의

의견이나 요구를 무조건 들어주는가?

- 소문난 '말 잘 듣는 부하'라서 상사가 무슨 일을 시키더라도 불평 한마디 하지 않는가?
- 평소 배우자와 갈등이 거의 없고, 전적으로 배우자의 의견을 따르기 때문에 싸워본 적이 없는가?

만약 이 항목 중 하나라도 내 이야기 같다고 느껴진다면 당신은 거절할 줄 모르는 사람이다. 아마도 당신은 내성적이며, 자존심이 무척 세거나 체면을 중시하는 사람일 것이다. 그러면 정말 하고 싶은 건 습관적으로 포기한 채 자신의 이익을 지키지 못한다.

내 오랜 친구인 캘리포니아주립대학교의 드래그 교수는 심리학 전문가이자 기업의 자문 역할로 오랫동안 일해왔다. 그는 이 문제에 대해 이렇게 말했다.

"내성적인 성격 때문에 생긴 현상입니다. 이런 사람들은 자신의 생각을 바로바로 솔직하게 밝히거나 자기가 받아야 마땅한 이익을 취하지 못합니다. 내심 간절히 원하면서도 의사표현을 확실히 하지 못합니다. 인간관계에서도 마찬가지죠. 거절당할까 두려워하고, 언제라도 거절당할 수 있다는 불안감에 시달립니다. 그들은 사소한 충돌 한 번만으로도 관계가 단절될 수 있다고 생각하죠. 그러니 속수무책으로 자신을 표현하지 못하게 됩니다. 스스로를 구석으로 몰아넣고 상처를 주죠."

그렇다면 만일 뻔뻔해지면 결과는 정말 최악이 될까? 그렇지 않다. 오히려 막다른 곳에서 길이 열리듯 더 긍정적인 잠재력이 솟아난다. 이는 일을 제대로 하는 데에도 영향을 미친다. 그저 남이 시키는 일을 떠맡는 게 아니라 정말 중요하고 관심 있는 일에 집중할 수 있게 된다. 동시에 다른 사람이 당신에게 명령하거나 귀찮게 하는 일은 줄어들 것이다. 당신이 뻔뻔하고 당당해지면 이번에는 남들이 당신 앞에서 더 수줍어하고 조심스러워할 테니까!

거절하는 능력을 갖게 되면 타인에게 끌려가지 않고 문제를 똑바로 바라보는 지배자가 된다. 가장 중요한 것은 거절하지 못하는 자신을 이겨내는 것이다. 내성적인 성격에서 벗어나 의사를 과감하게 표현하고, 독립적이고 자유로운 인격을 가져야 한다.

물론 결코 쉽지 않은 일이기는 하다. 모든 사람들이 자신의 무대에서 주인공이 되고 싶어 한다. 모두가 명예와 부를 얻고 싶어 하며, 자신의 이상을 실현하여 가치를 드러내고자 한다. 하지만 거울 속의 나는 실패자의 낙심한 표정, 의지가 부족해 일을 완전히 그르친 모습, 거절하지 못하는 '속 좋은 사람'이 구석에서 몰래 눈물 흘리는 모습이다.

빤빤해지려면 반드시 자신의 자존심을 이기고, 하고 싶은 말을 못 하게 하는 장해물을 없애야 한다. 과거의 나 자신과 싸워야 하고, 자기 생각을 말할 수 있어야 한다. 스스로를 억누르려는 힘과 맞서 싸워야 한다. 그러면 당신은 더 명랑해지고 쾌활해지고 외향적이 되며 강해질 수 있다.

이 책은 거절하지 못할 때 생기는 피해에 대해 알려준다. 그리고 그런 태도가 우리의 삶과 일에 어떤 부정적인 영향을 미치는지, 그 심리적 근원은 무엇인지, 그리고 어떻게 하면 몸 안에서 이 악순환을 없앨 수 있는지에 대해 자세히 가르쳐준다. 거절을 잘할 줄 알게 되면 너도 나도 더 행복해질 수 있다. 아니라고 생각하는 것은 분명히 거절하고, 나 스스로 선택하고 주도하는 성공적인 삶을 살아가는 비법을 파헤쳐보자.

차례

3장

어떤 상황에서도 마음의 행복 찾기

4장

적극적인 표현으로 소통왕이 돼라

5장

어쨌거나 실력이 우선, 실력파가 돼라

6장

어떤 상황에서도 할 말은 하는 거절의 기술

1장

거절한다고 나쁜 사람 되는 건 아니다

어떤 부탁이든 절대 거절 못 하는 사람들이 있다.

그들은 다투기 싫어하고 감히 다투지 않으며 다툴 수도 없다.

차라리 직장을 그만두면 그만뒀지 상사와 얼굴을 붉힐 수는 없는 노릇이라고 생각한다.

하지만 거절한다고 해서 나쁜 사람이 되는 건 아니다.

부당한 요구를 거절하지 못하면 나만 손해 보게 마련이다.

No

거절 못 하면 나만 손해다

● "저는 모든 사람에게 친절하려고 노력해요. 남의 부탁을 거절해본 적이 없죠. 그래서인지 사람들이 저에게 부탁하는 걸 너무 당연하게 생각해요."

이런 불만은 이제 그만. 지금부터 스스로를 돌아보자.

'나는 언제부터 좋은 사람이 되었나?'

'내가 처음 부당한 요구를 거절하지 못한 것은 언제, 어디서였나? 그 대상은 누구였는가?'

거절하지 못하면 부탁은 끝도 없이 이어질 수밖에 없다. 그 결과 남는 것은 언제나 자책과 고통뿐이다.

이제 나의 '좋은 사람 콤플렉스'가 과연 어느 정도인지 판단해 보자. 언제 어디서나, 어떠한 상황에서도 타인의 요청을 거절하지 못하고 원칙 없이 덥석 받아들였는가, 아니면 거절하기 곤란해도 나의 능력이 미치는 한도 내에서만 부탁을 들어주었는가? 후자라면 당신의 '좋은 사람 콤플렉스 지수'는 그리 높지 않다. 하지만 전자라면 문제가 매우 심각하다.

무엇보다 늘 승낙만 해온 탓에 이미 거절할 '자격'을 상실했다는 점이 가장 무섭다. 언제나 승낙만 하던 당신이 어느 날 거절을 한다면 오랫동안 쌓아온 '좋은 사람 이미지'는 한순간에 깨지고 말 것이다.

아마 처음에는 무조건 승낙하는 것이 자신에게도 도움이 된다고 굳게 믿었을 것이다. 다른 사람에게 호감을 주고 동료나 상사의 환심을 사면 일상생활이나 사회생활에서 공격이나 충돌, 질투 등의 문제로 상처받는 것을 일단은 피할 수 있다. 인간관계를 유지하기도 더 쉽고 승진 문제에 있어서도 더 유리할 것 같다. 하지만 결과적으로 당신은 타인만 만족시키고 정작 자신은 행복과 기쁨을 느낄 수 없었다.

이제 당신의 행동이 얼마나 큰 피해를 가져왔는지 깨달았는가? 어떻게 해야 이런 상황을 돌파할 수 있을까?

원인부터 찾는 게 중요하다

먼저 거절하지 못하는 이유를 생각해보자. 근본적인 원인을 알고 나서 해결 방법을 찾아야 한다.

다른 사람의 부탁을 들어줌으로써 내 능력을 드러내고 싶은 것인가, 아니면 그저 내 체면을 세울 수 있는 기회로 생각하는 것인가? 둘 다 아니라면 심리적인 면에서 원인을 찾을 수 있다. 거절하고 싶지만 적당한 핑계를 찾지 못한 것인가, 아니면 이유는 충분하지만 거절할 만큼 얼굴이 두껍지 않아서 차마 입을 뗄 수 없는 것인가? 모든 문제는 정확한 원인을 찾아야만 올바른 처방을 내릴 수 있다.

나의 이익을 우선시하라

어떤 일을 할 때 자신의 이익을 고려하지 않는 사람들이 있다. 그저 상사의 요구나 동료의 부탁만을 생각한다. 이들은 출발점 자체가 잘못되었다.

만약 나의 이익을 출발점으로 삼고 타인의 기분을 그다음으로 고려한다면 충분히 자신의 입장을 먼저 밝힐 수 있을 것이다. 좀처럼 거절하기 힘들다면 차라리 이기적으로 행동하려고 노력하라. 자신의 이익을 중요하게 생각하는 것은 너무도 당연한 일이다.

거절 못 하다 병 생긴다

오랫동안 거절을 못 하고 속앓이를 해왔다면 압박감과 스트레스가 상당히 누적되었을 것이다. 이렇게 되면 몸과 마음의 건강을 해쳐 그 정서적 반응이 주변 사람에게도 영향을 미칠 수밖에 없다. 가족, 친구, 동료나 아이들에게까지 말이다.

속마음을 적절히 표출하지 않으면 부정적인 감정이 계속 쌓여 결국 삐뚤어진 사람이 될 수도 있다. 쉽게 화를 내고 초조해하고 자주 이성을 잃게 될지도 모른다. 건강을 생각해서라도 적당한 타이밍에 부탁을 거절할 줄 알아야 한다.

남들이 알아서 하게 내버려둬라

어떤 사람은 순진하게도 남의 부탁을 들어주는 이유가, 그들이 스스로 해결할 수 없을 것 같기 때문이라고 한다. 자신의 능력은 대단하고 다른 사람은 그만큼 그 일을 잘해내지 못할 것이라고 생각한다. 물론 때론 사실일 수도 있다. 하지만 대부분의 경우 부탁을 하는 것은 단지 게으름을 피우고 자신의 일을 떠넘기려는 것일 뿐이다. 당신이 매우 성실하고 이를 드러내기 좋아한다면 사람들은 바로 그 점을 이용할 것이다. 만약 누군가 부탁을 해온다면 상대방의 능력을 믿고 그 생각을 분명히 전해야 한다.

노력에는 대가가 따라야 한다

거절하기 난처해 부탁을 들어줄 때에는 마땅한 보상을 요구해야 한다. 모든 일을 도맡아 큰일이건 작은 일이건 모두 짊어지고 나무랄 데 없이 잘해내고도 아무 보상도 받지 못하는 경우가 많다. 추가적인 부탁들은 뻔뻔하게 날아오는데 기대했던 보상은 깜깜 무소식이다.

누구나 노력에 대한 합당한 대가를 바란다. 아무런 대가 없이 희생하려는 사람은 없다. 일 자체가 희생과 대가의 계약 관계다.

우리는 상사의 지시에 따르고 열심히 일한다. 그리고 회사가 주는 합당한 보상을 받는다. 동료에게 협조하고 고객에게 서비스하는 것도 노력을 지불하고 혜택을 받는 것이다. 거절의 이유는 바로 '아무런 혜택을 받지 못하는 것'이어야 한다. 심지어 가정에서나 부부 간에도 '공짜'는 없다.

No

내 권리는 내가 찾아야 한다

● 직장인 우화 씨는 자신이 영락없는 '호구'라고 생각한다. 정당한 권리를 누려본 적이 없기 때문이다.

"저는 항상 사람들에게 친절하고, 다른 사람보다 더 많이 일하고 실적도 좋아요. 업무 효율도 높죠. 하지만 그렇다고 월급을 남들보다 더 많이 받지는 않아요. 회사에 입사한 지 6년이 되었는데 한 번도 급여 인상이나 승진 같은 이익을 요구해본 적이 없어요. 저는 어떻게 해야 할까요?"

그는 6년이라는 시간 동안 상사에게 자신의 요구사항을 귀띔해본 적도 없다. 실적을 많이 올렸을 때에도 겸연쩍어서 공개적으로 드러내지 못했고, 마땅히 받아야 할 보상도 받지 못했다. 또한 상사의 부당한 요구를 거절할 수 없었던 그는 계속 호구가 되어가며 손해를 보았다.

그는 오랫동안 짝사랑해온 여자에게도 고백을 하지 못했다. 자기 자신이 루저라고 느껴지고, 어떻게 해야 할지 몰라 답답할 뿐이었다.

"저는 이제 이렇게 원하는 것을 제대로 표현하지 못하는 사람이 되었어요."

그는 어깨를 축 늘어뜨린 채 말했다.

마땅한 자신의 권리를 쟁취하지 못하고, 부당한 요구를 거절하지 못한다면 당연히 손해를 보게 마련이다. 일한 대가로 누구나 합당한 자기 몫을 가져가야 한다. 하지만 현실에서는 말 한마디 못 하는 사람들이 있다. 그들은 다투기 싫어하고 감히 다투지 않으며 다툴 수도 없다. 차라리 직장을 그만두면 그만뒀지 상사와 얼굴을 붉힐 수는 없는 노릇이라고 생각한다.

이런 유형의 사람들이 입는 피해는 다음과 같이 나타난다.

마땅히 받아야 할 보상을 받지 못한다

이런 사람들은 심리적으로 매우 위축되어 있으며, 승진이나 임금 인상과 같은 기회도 놓쳐버린다. 분명히 누려야 할 혜택이지만 자신이 생각하는 명분과 수줍음 때문에 아무 말 못 하고 눈앞에서 빼앗긴다.

나의 가치를 드러낼 기회를 잃어버린다

우리는 자신의 업무 능력과 업무 성과, 개인적 가치를 남들이 알아보게 할 책임이 있다. 가만히 있으면 다른 사람이 자발적으로 이러한 성과를 챙겨줄까? 절대 그렇지 않다. 스스로 모든 기회를 놓치지 않고 챙겨 받아야 한다.

스스로 용감하게 쟁취하지 않으면 아무것도 얻을 수 없다. 경쟁은 매우 치열하다. 당신이 가만히 있으면 누군가가 바로 가져간다. 심지어 당신이 적극적으로 나서지 않으면 누군가 빼앗아간다. '투명 인간'처럼 가만히 있으면 주류에서 밀려나면서 심각한 위기를 겪게 된다.

상당한 시간과 노력이 헛되이 사라진다

이런 사람들은 어리석게 시간을 허비한다. 그러고 나서 나중에 곤혹스러워한다. 용감하게 이익을 쟁취하지도, 무리한 부탁을 거절하지도 못하고 곤란한 상태에만 빠져든다. 일에 대한 열정도 없다. 당장의 일도 원만하게 처리하지 못해 하루 24시간을 허비한다.

우화 씨는 스스로에 대해 이렇게 설명한다.

"누구의 말을 믿어야 할지도 모르겠고, 한 걸음도 내딛기가 어려워요. 여기서 벗어나고 싶지만 어떻게 시작해야 할지 모르겠어요. 마치 늪에 빠져든 것 같아요."

모든 사람에게 필요한 첫 번째 직업적 자질은, '회사를 위해 이익을 만들어내는 동시에 나 자신을 위해서도 이익을 낸다'는 수익성 마인드다. 만약 이익을 따지는 것이 부끄러워 합당한 주장을 하지 못한다면, 게다가 받아야 할 이익을 쉽게 포기한다면 더 물러날 곳 없는 절벽에 다다를 때까지 계속 양보할 수밖에 없다.

No 상처 주지 않으려다 내가 상처받는다

● 베이징에서 일하는 샤오퉁 씨 역시 우화 씨처럼 매우 억울해하는 남성이다. 그는 대학을 졸업한 뒤 꽤 괜찮은 직장에 다니고 있고 예쁜 여자친구도 있다. 최소한 시작은 순조로웠고 어떠한 좌절도 없는 듯했다. 하지만 그는 이렇게 말한다.

"항상 무력감에 시달려요. 사회생활에 실패할까 봐 두려워하는 저의 나약함이 수치스러워요."

그는 누군가와 의견 충돌이 있을 때마다 양보하는 쪽을 선택했다. 설령 내키지 않고, 돌아서서 화를 내더라도 당장 앞에서는 예의 바르게 행동하며 좋게 이야기했다. 이런 모순된 행동은 그를 더욱 힘들게 했다.

샤오퉁 씨는 양보하지 않고 끝까지 따지다가 상대방에게 상처를 주거나 마음을 상하게 만들기는 싫다고 했다. 거절이나 강경한 태도가 상대방을 난처하게 하거나 감정을 상하게 할까 봐 그는 자신도 모르게 스스로를 억울한 상황에 빠뜨리고 있었다. 이런 사람은 생각보다 많다. 예전에 상담을 하러 찾아온 어느 청년도 그랬다. 그는 자신의 감정에 대해 이런 고민을 털어놓았다.

"사귄 지 2년 정도 된 여자친구와 헤어지고 싶어졌어요. 그런데 이런 결말을 그녀가 받아들이지 못하고 상처받을까 봐 두려워요. 어떻게 해야 할지 모르겠어요."

연인과의 이별 앞에서 그 누구도 상대방에게 일부러 상처 주기를 원하지는 않는다. 하지만 그 청년만큼 심각하게 고민에 빠지는 사람은 드물다. 심지어 그는 이 때문에 두 달 동안이나 불면증에 시달렸다고 한다. 도대체 어떻게 해야 여자친구가 이별을 자연스럽게 받아들일지 확신할 수 없다며 괴로워했다.

그가 괴로워하는 이유는 이성적인 판단이 아니라 두려움과 가책 때문이다. 상대방을 화나게 할까 봐, 상대방의 감정을 상하게 할까 봐 두려워 차라리 자신의 의지를 눌러버린다. 그렇게 그들은 '타인에게 복종'하는 단 한 가지 선택만을 한다. 그들에게 소중한 자신이란 없다.

오랫동안 이렇게 조심스럽고 신중하게, 심지어 두려움에 벌벌 떠는 환경에서 살다 보면 성장 과정에서 경험하며 배운 독립적이고 자주적인 능력을 잃어버린다. 그러다가 철저히 타인에게만 의지하고, 우유부단하게 아무런 결정도 내리지 못하는 상태가 되고야 만다.

거절해야 할 순간 나타나는 첫 번째 반응은 언제나 뒷걸음질이다. 상대방에게 상처를 줄까 염려하다가 결국 자신이 상처를 받으면서 사태는 더욱 심각해진다.

어린 시절 분명하게 'No'라고 말하는 훈련을 하지 못한 탓도 있다. 십여 년간 성장하는 과정에서 가정과 학교에서 제대로 거절하는 훈련을 하지 못하면 필요한 경험을 쌓을 수 없다.

모든 관계는 거절과 선택의 자유라는 기초 위에 세워져야 한다. 드래그 교수는 이렇게 말했다.

"문제의 핵심은 어린 시절에 그들이 자신의 한계를 확인하고 상대방에게 인정받는 훈련을 하지 못했고, 이로 인해 거절해본 경험이 없다는 것이죠. 그래서 나약한 성격이 된 겁니다."

그렇다면 거절은 정말 상대방에게 상처를 줄까? 거절당한 자의 분노에 침착하게 대처하는 상상을 해보자. 상대방이 화를 낼 수도 있지만 아무 일도 일어나지 않을 수도 있다. 다음과 같은 말들을 미리 마음속으로 연습해보면 좋다.

"물론 당신을 사랑해. 하지만 이런 식으로 행동해서는 안 돼!"

"이봐, 화가 날 거라는 거 알아. 하지만 그래도 할 말은 해야겠어. 나는 그 의견에 동의할 수가 없어."

"마음이 어떨지 알아. 안타깝지만 우린 서로 맞지 않아. 헤어지는 게 좋겠어."

이렇게 말하는 것은 생각보다 어렵지 않다. 이런 연습은 실전에서 보다 쉽게 하고 싶은 말을 입 밖으로 낼 수 있도록 해준다. 이는 원칙을 지키면서 감정을 이해하는 방법이다. 동시에 우리 안에 있는 강력한 힘을 확인시키고 내 한계를 지켜준다.

자신의 마음을 보호하려는 사람은 타인에게 'No'라고 말하는 것을 두려워하지 않는다. 자신의 마음을 발견하고 단단히 지키는 것이야말로 가장 먼저 해야 할 일이다.

거절할 때에는 태연한 자세를 유지하는 것이 중요하다. 맨 처음 경계를 세우는 것은 가장 좋은 자기 보호 수단이다. 상대방이 화를 낼 수도 있다. 하지만 책임이나 잘못을 당신에게 떠넘기며 제멋대로 탓하지는 않을 것이다. 나 자신을 보호하기 위해 다음의 다섯 가지를 기억하자.

- 내가 내 마음을 보호하는 것 때문에 상대방이 화를 낸다면 그건 상대방 잘못이다. 미안해할 필요 없다.
- 거절이 상처를 주지는 않는다. 분노가 상처를 줄 뿐이며 그건 나와 무관하다.
- 상대방의 분노가 나에게 원치 않는 일을 하도록 지시하거나 타협하도록 만들지 않아야 한다.
- 상대방의 분노가 나의 감정에 영향을 미쳐 나까지 분노하게 해도 부끄러워할 일이 아니다.
- 이렇게 만반의 준비를 하더라도 상대방과 늘 거리를 두고 나 자신을 보호하라.

No

어떤 관계는 차라리 깨버리는 게 낫다

친구 관계든 업무를 통한 파트너 관계든, 좋은 관계를 형성하기란 쉽지 않다. 그렇기 때문에 사람들은 그 관계를 깨뜨리고 싶어 하지 않는다.

만약 누군가 당신의 물건을 빌려가서 돌려주지 않는다면 어떻게 말해야 할까?

상대방과 서로 좋은 감정을 가지고 있는데 행여 기분을 상하게 할까 봐 두려운가?

당신이 분명히 말했는데 상대방이 아무런 반응을 보이지 않는다면?

월스트리트의 한 증권사에서 번역 업무를 하고 있는 양 씨는 최근 이런 일을 겪었다.

"동료가 600위안을 빌려가면서 한 달 뒤에 갚겠다고 했어요. 그런데 두 달 반이나 지났는데 갚을 생각을 하지 않아요. 아무 일도 없었다는 듯 행동하고 있죠. 돈을 빌리지도 않은 것처럼 말이에요. 그래서 제가 은근슬쩍 언질을 줬는데 아무 반응이 없네요. 이럴 때에는 어떻게 해야 좋을지 모르겠어요."

그 동료는 그녀보다 직급이 높은 부서장이었다. 업무나 일상생활 속에서 언제 어떻게 엮일지 모르는 관계였다. 양 씨는 괜히 미움을 사고 싶지 않았다. 난처해진 양 씨는 어떻게 원만한 관계를 유지하면서 돈을 돌려받을 수 있을지 무척 고민이 되었다.

돈 때문에 사이가 틀어지는 것을 감수하는 것은 분명 어려운 일이다. 하지만 빌린 돈을 갚는 것은 당연하다. 상대방이 서로의 관계를 의식했다면 알아서 제때 갚아야 했다. 그렇지 않았다면 관계를 깬 것은 당신이 아니라 바로 돈을 빌린 사람이다.

사실 모든 관계가 지켜낼 만한 가치가 있는 것은 아니다. 그 관계의 가치와 좋고 나쁨을 어떻게 판단하느냐가 바로 핵심이다. 다시 말해 어떤 관계는 유지하느니 차라리 끊어버리는 게 나을 수도 있다. 상대방이 어떠한 양보도 하지 않고, 오로지 당신에게서 얻어내려고만 하면 말이다. 이런 사람들에게는 과감하게 의사 표현을 할 수 있어야 한다. 그에게 혹시 상처를 줄까 봐 염려하거나 우정이 깨질 것을 걱정할 필요가 전혀 없다.

No

거절당했다고
상처받을 필요 없다

● 양 씨는 미국에 막 도착했을 당시의 이야기를 들려주었다. 마땅히 머물 곳도 없고, 수중에 돈도 얼마 없었던 그녀는 고향 사람의 집에 잠시 머물렀으면 했다. 하지만 양 씨가 말을 꺼내기 무섭게 고향 사람은 차갑게 거절했다. 집도 좁고 식구도 많다는 이유에서였다. 다음 날 다시 전화를 걸어보았지만 아무도 받지 않았다.

"이 일이 트라우마로 남아 있어요. 그때 이후로 다른 사람에게 부탁할 일이 생기면 거절당할까 봐 두려워요. 다시는 어떤 부탁도 하고 싶지 않아요."

누군가 심리적으로 성숙한 사람인지 판단하려면 그가 다른 이에게 'No'라고 편안하게 말할 수 있는지, 자발적으로 도움을 요청할 수 있는지를 보면 된다. 거절을 감수하는 능력도 여기에 포함된다. 다른 사람에게 거절당했을 때 심리적 안정을 유지할 수 있는지의 여부 말이다. 모두 용기가 필요한 일이다.

심리학에는 '거절 민감성'이라는 표현이 있다. 이는 거절할 줄 모르고, 자발적으로 다른 이에게 부탁하지 못하는 상태를 말한다. 이런 사람들의 인간관계는 언뜻 나쁘지 않아 보인다. 양 씨를 보더라도 그녀가 항상 친절하기 때문에 주변에 친구가 많고 평판이 좋다. 하지만 주변 사람들은 그녀를 끊임없이 귀찮게 한다. 고통은 오롯이 그녀만의 몫이다. 체면 때문에 손해를 보는 것이다. 이러한 행동의 심리적 원인을 들여다보면 그들이 잠재의식 속에 타인의 사랑과 관심을 갈구한다는 사실을 발견할 수 있다. 이는 두 가지 결과로 나타난다.

- 실리적으로 환심을 산다. 자발적으로 다른 사람을 도와 일을 이루게 함으로써 자신의 목적을 실현한다.
- 방어적으로 환심을 산다. 자신의 뜻을 굽히면서 목적을 이루어 자신을 안전지대에 놓는다. 적을 만들지 않음으로써 여유

로운 생존 환경을 조성한다.

언뜻 긍정적인 듯 보이지만 'No'라고 말하지 못하는 행동이 극에 달하면 내면에서 기댈 곳을 잃은 자아는 무슨 일을 하든 타인의 감정에 따라 판단하게 된다. 타인의 무례한 부탁도 감히 거절하지 못하고, 자신의 합당한 요구도 거절당할까 봐 두려워하게 된다. 일반적으로 그 원인은 크게 두 가지다.

거절당했던 과거의 상처

거절 민감성이 높은 사람들의 과거 경험과 인간관계에는 상처가 존재한다. 특히 처음 힘들게 부탁했을 때 거절을 당한 타격으로 잠재의식 속에 '말하면 안 돼. 또 거절당할 거야'라는 씨앗이 자라고 있다. 그들의 머릿속은 부정적인 논리로 가득 차 있고 성격과 행동방식에서도 거절에 지극히 민감하게 반응한다.

그들은 자신의 요구, 부탁, 요청을 어쩔 수 없이 억제하고 제한하면서 또다시 거절당하는 불쾌한 경험을 피하려고 한다. 이와 같은 인간관계의 불신은 모두 거절당할 것을 두려워하는 마음의 상처 때문이다. 과거에서 벗어나야 한다.

연약한 자존심이 치는 장난

사람들은 자존심이 강하면서 동시에 약하다. 어떤 사람은 평판을 매우 중요하게 생각한다. 항상 단정하게 앉고 똑바로 걸으며 엄격하게 자신을 단속한다. 처세를 위해 다른 사람에게 피해를 주지 않고 스스로 해결해야 한다고 생각한다. 이러한 자존심 때문에 자꾸만 체면을 의식한다. 거절당할 것을 걱정하기보다는 뒤에서 자신을 헐뜯고 비꼴 것을 두려워하는 것이다. 그래서 자신의 행동이 남에게 미치는 영향과 자신에 대한 사람들의 시선을 더욱 꺼린다. 본질적으로 거절을 두려워하는 행동은 이러한 자존심 때문이다.

| 거절 못 하는 사람의 특징과 원인 10가지 |

	행동적 특징	심리적 원인
1	능력을 마음껏 발휘하지 못하고 종종 기회가 와도 잡지 못한다.	심리적으로 위축되어 항상 남보다 자신이 부족하다고 느낀다.
2	무슨 일을 하든 의욕이 없다.	자신의 장점이 무엇인지 모른다.
3	항상 꾸물거리고 미루는 버릇이 있다.	의지가 약하고 위기의식이 없다.
4	자신의 생각을 잘 표현하지 못하고 말하기를 부끄러워한다.	근본적으로 자신감이 부족하여 비웃음거리가 될까 봐 두려워한다.
5	'No'라고 말하지 못하고 다른 사람이 힘들어하는 것도 못 본다.	인간관계에 연연하며 상대방이 나를 어떻게 생각할지에 대해 신경을 곤두세우고 상처를 줄까 봐 염려한다.
6	부당한 요구도 감히 거절하지 못하고 반문하지도 않는다.	마음이 나약하고 상대방과의 관계가 악화될까 봐 걱정하며, 현실에 안주하려는 마음이 강하다.
7	불만이 있어도 말하지 못하고, 합당한 요구도 제기하지 못한다.	자신의 인격이 매우 고상하다고 생각하고, 다른 사람에게 안 좋은 인상을 줄까 봐 두려워한다.
8	항상 다른 사람에게 결정권을 맡기고 자신의 의견을 내세우지 않는다.	결정 장애가 심하고, 남이 결정한 것을 거절할 용기도 없다.
9	낯선 사람과 쉽게 친해지지 않는다.	낯선 사람에게 거절당할 것을 두려워하고, 상대방에게 안 좋은 인상을 남길까 봐 걱정한다.
10	상대방과 의견이 부딪히면 항상 뒷걸음친다.	자신감이 부족하고 위의 모든 행동과 심리 현상이 종합적으로 나타난다.

'No'라고 말 못 하는 것도 습관이다

● 커 씨는 어릴 적부터 어머니에게 많이 의지하며 자랐다. 어른이 된 후에는 여자친구에게 의지했고, 미래 아내의 '노예'가 되었다. 그는 이렇게 말한다.

"화장실 가는 것 빼고는 무슨 일이든 다른 사람이 알려주거나 재촉해야만 하죠."

커 씨는 자신의 세계를 다른 사람의 통제에 맡기고 인생을 결정하도록 하는 데 길들여진 것 같았다. 큰일이든 작은 일이든 주체적인 의지가 부족했다. 그 모든 것은 거절을 하지 못하는 데 원인이 있었다. 이런 사람들은 크게 두 가지 특징을 보인다.

항상 사랑받기를 원한다

드래그 박사는 커 씨와 같은 사람들을 이렇게 설명한다.

"이들은 대부분 어린 시절부터 부모가 설계한 대로 따르기만 했을 뿐 독립적인 경험을 하지 못했습니다. 이러한 상황에서 사랑받고 싶은 욕심이 생기고 차츰 자신의 인격을 포기하게 된 것입니다. 어른이 되어서도 이러한 행동방식은 달라지지 않고, 집 밖으로 나가면 새로운 대체자를 찾아 부모의 역할을 대신하도록 하는 것입니다."

이러한 특성은 연애할 때 더욱 두드러진다. 커 씨는 그의 여자친구를 새로운 '어머니'로 생각하고 스스로 원래의 자아를 계속 포기했다. 여자친구는 그를 대신해 모든 일을 결정하는 정신적 의존 대상이 되었고, 그녀의 결정에 대해 그는 결코 'No'라고 말하지 않는다. 그저 생각에만 그치고 만다.

통제 불능 상태를 겁낸다

누구나 어느 정도 의존하려는 본능은 가지고 있다. 어렸을 때부터 성장할 때까지 의존하는 대상, 성질, 정도가 다를 뿐이다. 하지만 무슨 색 팬티를 입을 것인지까지 배우자의 결정에 따를 정도로 심각한 사람은 많지 않다.

“그녀가 저 대신 결정해주지 않으면 초조하고 불안해요. 나를 사랑하지 않는 것처럼 느껴져요.”

바로 통제 불능에 대해 공포를 느끼는 것이다. 정신적 지주를 잃으면 불안해하는, 일종의 애정 상실에 대한 공포다. 심리학에서는 한 사람이 다른 누군가 또는 어떤 사물에 과도하게 의존할 때 상대방을 잃을 것에 대한 초조함도 동반된다고 한다.

커 씨가 여자친구에게 결코 ‘No’라고 말하지 못하는 것은 여자친구에게 인정받고자 하기 때문이다. 그는 잠재의식 속에 여자친구가 하자는 대로 따르기만 하면 그녀에게 인정받을 수 있다고 생각한다. 그렇게 하지 않으면 외면당할지도 모른다는 위기감마저 느낀다.

커 씨가 ‘No’라고 말하지 못하는 심리의 밑바탕에는 사실 거부당할 것에 대한 두려움이 있다. 따라서 자아를 더욱 강하게 억압하여 스스로 완전히 주체를 잃은 상태가 되는 대가로 장기적인 안정감을 얻는다. 그 또한 마음속으로는 거절하고 싶을 때도 있다. 하지만 의존하는 습관과 통제 불능 상태에 대한 불안 때문에 거절하지 못하고 항상 복종해버리게 되는 것이다.

커 씨는 말한다.

“아마 어렸을 때부터 주장을 밀어붙이는 법을 배우지 못했기 때문인 것 같아요. 그러다 보니 쉽게 설득당하는 것이 습관이 되어버린 거죠. 만약 여자친구가 내일 아침에 같이 쇼핑을 하러 가자고 하면 저는 내일 아무리 중요한 일이 있어도, 심지어 그 분기 전체 인센티브가 날아가는 한이 있어도 저도 모르게 알겠다고 대답할 거예요."

왜 그럴까? 바로 자기표현이 부족하기 때문이다. 그는 스스로 '나는 누구인가?', '나에게는 무엇이 필요한가?'에 대해 인식하지 못하고 있다. 심지어 이 문제를 진지하게 생각해본 적도 없다.

이런 사람들은 다른 사람의 인상 속에서 산다. '자아 개념' 역시 타인의 평가 위에 세워진다. 이러한 나약함 때문에 더욱 열등감에 시달린다. 일단 논쟁에 휘말리면 시작하자마자 꼬리를 내리기 때문에 논쟁을 할 수도, 대항을 할 수도 없다. 마치 우리 안의 온순한 양처럼 '주인'이 이쪽으로 끌고 가면 이쪽으로, 저쪽으로 끌고 가면 저쪽으로 갈 뿐이다. 인간관계에서는 항상 상대방의 반응이나 요구에 굉장히 민감하게 반응한다.

"당신이 무엇을 원하든 다 들어줄게!"

이것이 다른 사람들이 커 씨에게 느끼는 인상이다. 그는 무의식중에 상대방을 만족시켜주면 호감을 얻을 것이라고 생각한다. 항상 이런 생각을 하느라 '나는 도대체 무엇을 원하는지'에 대해서는 생각하지 않는다. 자신의 생활을 누가 주도해야 할지에 대해서도 별로 고민하지 않는다.

커 씨는 어렸을 때부터 어머니에게 무시당할까 봐 늘 두려워했다. 지금은 여자친구의 기분을 상하게 할까 봐 전전긍긍한다. 그의 행동은 타인을 만족시키는 것에 기준이 맞춰져 있다. 이 원칙의 범위 안에서 자신의 느낌은 아주 작은 부분만을 차지한다. 이는 다음과 같은 심리를 의미한다.

- 거절의 결과가 두렵다. 상대방을 부정하고 거절하는 것은 나의 자아를 부정하는 것이며, 마음속 열등감을 자극한다.
- 복종이 곧 나의 가치다. 타인에게 복종하는 과정에서 자아의 존재와 가치가 두드러지는 것을 느낄 수 있다. 하지만 거절은 이러한 감정을 잃게 만든다.

No

생각을 끝까지 밀어붙이는 끈기가 필요하다

● 커 씨와는 매우 다른 사람들이 있다. 그들은 시작할 때부터 꿋꿋하게 'No'를 외친다.

"아니, 나는 그 생각에 동의하지 않아. 내 생각은 달라. 내 의견을 들어봐!"

매우 그럴듯하게 논리를 따진다. 하지만 시간이 지나 토론이 마지막 고비에 이르면 타협에 동의한다. 항상 타협으로 끝이 난다.

"그래, 좋아. 네가 이겼어!"

올해 35세인 자 씨는 이렇게 말했다.

"저는 정말 의지가 약한 사람이에요. 가끔은 나를 속이려는 것을 뻔히 알면서도 설득당해요. 다른 사람에게 확실히 거절하지도 못해서 항상 엉망진창이 된 일을 떠맡아버리죠. 나이가 들수록 사리 분별을 잘할 줄 아는 능력이 필요해요. 행동이나 말도 더 조심해야 하고요. 또 진상이 불투명할 때 섣불리 부탁을 들어줘서는 안 돼요. 괜한 분란이 일어나면 제 생활이 엉망이 되니까요. 하지만 그러려면 저는 제 본능과 싸워야 해요. 저는 천성적으로 의지가 약한 사람이라 야박하게 거절하는 게 너무 어려워요. 제 동료 하나는 때때로 양심의 가책도 없이 저한테 일을 떠넘겨요. 그래서 저는 항상 휴가를 반납해야 해요. 결국 가족과 함께 보낼 시간도 빼앗기고 말죠."

어느 설문조사에서 '당신은 자신의 주장을 끝까지 견지할 수 있습니까?'라는 질문에 76퍼센트의 사람이 "아니요"라고 답했다. 많은 사람들이 장시간의 토론과 설득, 생각을 거친 뒤 처음의 입장을 포기하고 만다. 특히 계속 'No'라고 말하기란 쉽지 않다. 상대방에게 미움을 살 게 분명하기 때문이다.

사람들은 항상 자신의 체면을 염두에 두고 두 마리 토끼를 다 잡을 수 있는 해결 방법, 곧 '내가 참고 말지'라는 쪽을 택한다. 이렇게 자신의 입장을 포기하는 이유에는 '될 대로 되라'는 심리가 숨어 있다. 일종의 학대 콤플렉스다.

어떤 사람은 자신이 희생을 감수해야 하는 상황에서도 거절하지 못한다. 그러면서 무의식중에 자신을 불행한 피해자로 인식한다. 알고 보면 스스로 불행을 자처한 것이지만 거절하지 못해 피해를 봤을 때, 가령 부탁을 들어주느라 정작 자기 일은 하지 못했을 때 이런 식으로 불만을 늘어놓는다.

"보세요, 그 일을 하느라 제 시간은 모두 빼앗겼어요."

이 역시 책임을 회피하려는 행동이다.

자신의 끈기 지수를 한번 살펴보자. 끈기 지수는 누군가와 논쟁을 벌일 때 얼마나 긴 시간 동안 의지를 굽히지 않을 수 있는지 결정한다. 또한 긴장된 분위기 속에서도 상대방에게 거절할 수 있는 용기가 있는지 말해준다.

끈기는 바로 의지다. 우리는 어떤 목표에 도달하기 위해 자신의 의지를 통제하고, 다른 사람이 어려움을 극복할 수 있도록 도우며, 목표를 순조롭게 실현하기 위해 노력한다. 본질적으로 끈기는 '심리의 인내력'이다. 우리로 하여금 학습, 일, 사업을 완성시키게 하는 '행동의 지구력'이다. 동시에 끈기는 나의 자아 상태가 얼마나 강하고 확고한지를 나타낸다.

자아 상태를 긍정적으로 유지하려면 첫째, 의존증이 아닌 강한 자주적 사고력이 필요하다. 둘째, 자기반성을 하는 습관이 필요하다. 마지막으로 결단력과 자제력이 필요하다. 또한 좌절을 견뎌낼 수 있어야 한다. 특히 다른 사람과의 논쟁에서 심리적으로 좌절하고 상처받았을 때 타협하지 않아야 한다.

자신의 생각을 버리고 남을 좇는 것은 실패한 인생의 시작이다. 자아를 내팽개치고 성공을 거둘 수 있는 사람은 없다. 걸출한 인물 중에서도 복종의 방식으로 자신의 권위를 세운 사람은 찾아볼 수 없다.

마지막까지 나의 의지를 굽히지 않고 싸우기 위해 밟아나가야 할 7단계는 다음과 같다.

1단계 | 내가 원하는 것 찾기

첫 번째 단계가 가장 중요하다. 바로 나 스스로 무엇을 원하는지 찾는 것이다. 동기가 뚜렷하면 강한 동력이 생겨 어떤 장해물도 극복할 수 있다.

2단계 | 성공에 대한 욕망 자극하기

성공에 대한 욕망이 강할수록 의지를 더욱 굳게 다질 수 있다. 그러면 무슨 일을 하든 끈기 있게 밀고 나갈 수 있다.

3단계 | 자신감 갖기

자신감이란 나의 능력과 생각을 믿는 것이다. 기어들어가는 목소리로 말한다면 확신을 갖지 못하는 것처럼 보인다. 자신감이 생겨야 다른 사람과 평등하게 교류할 수 있다.

4단계 | 구체적인 계획 세우기

모든 문제에 대해 분명한 견해를 갖고 구체적인 계획을 세우는 것도 중요하다. 그러면 배짱이 생기고 다른 사람에게 쉽게 설득당하지 않는다.

5단계 | 자아를 분명하게 인식하기

자기 자신을 제대로 아는 것은 무엇보다 중요하다. 그래야만 자신의 주장을 견지하고 다른 사람에 의해 좌지우지되지 않는다. 자아를 분명하게 인식하지 못하면 의존증에 걸리기 쉽다.

6단계 | 협상 마인드 갖추기

협상 마인드를 갖추고 소통하면 다른 사람과 긴밀히 협력할 수도 있고, 상대방을 설득할 수도 있다. 반면 협상 마인드를 갖추지 않으면 아무리 의지가 강하고 자신감이 충만하고 용기가 있어도 사람들이 함께 어울리려 하지 않는다.

7단계 | 좋은 습관 기르기

강한 의지는 좋은 습관의 결과다. 끈기를 기르는 습관은 중요한 순간에 타협하는 것을 막는다. 그러면 결정적인 순간에 'No'를 외치지 못하는 것을 예방할 수 있다.

No

불필요한 간섭은 무시하는 게 상책이다

● 어느 학생이 개학식 날 뒷자리에 앉아 친구와 떠들고 있었다. 기껏해야 주변의 두세 명만 들을 수 있는 정도였다. 그때 뒤에 앉아 있던 여학생이 갑자기 한마디 했다.

"왜 그렇게 큰 소리로 떠드니?"

그 뒤 그는 일부러 목소리 크기를 더 작게 했는데, 그 모습을 본 한 친구가 비웃으며 말했다.

"여자아이 하나 때문에 간이 콩알만 해졌구나!"

그는 순간 얼굴이 빨개지고 아무 말도 할 수 없었다. 심리적으로 나약해진 것이었다. 시간이 한참 흐른 뒤에도 그는 그 일을 가슴에 담아두고 있었다.

갑작스러운 외부의 간섭에 당황하지 않고 흔들리지 않는 것은 매우 중요한 일이다. 누구나 살다 보면 외부의 간섭을 받을 때가 있는데 그럴 때 우리는 평상심을 유지하고, 그 간섭이 우리의 생각과 행동을 좌지우지 못 하도록 해야 한다.

먼저 그 의견이 귀담아들을 만한 가치가 있는지, 어떤 의견에 대해 깊이 생각해볼 필요가 있는지 분명히 인식하고 쉽게 타협하거나 흔들리지 말아야 한다. 그런 다음 어떻게 하면 남의 의견을 들으면서 나의 원칙을 고수할 수 있을지 생각해야 한다. 그저 간섭에 불과하다고 판단될 경우 갈등을 심화시키지 않고 상대방과 좋은 관계를 유지할 수 있는 방법을 찾는다.

이 학생의 문제는 자신에게 큰 잘못이 없다는 것을 알면서도 간섭을 크게 받아들인 것이다. 게다가 그 때문에 심각한 트라우마에 시달렸다. 여학생에 의해 통제당한 행동 패턴이 생겼고, 이는 자아를 잃었음을 의미한다.

때때로 우리가 일상생활에서 받는 선의의 간섭은 잘못된 것이 아니다. 하지만 무분별하게 받아들인다면 문제가 된다. 중심을 잘 잡고 불필요한 간섭은 배제할 필요가 있다. 타인의 간섭에 흔들리지 않고 이성적으로 판단하기 위해서는 앞서 설명한 바와 같이 목표가 명확해야 한다.

어떻게 하면 다른 사람의 간섭을 무시하고 자유의지를 표출할 수 있을까?

업무와 무관한 간섭은 무시한다

일과 무관한 간섭이라면 무시해도 좋다. 열심히 일할 때 그와 무관한 것은 생각의 대상이 되지 않도록 마음의 문을 닫아야 한다. 그렇지 않으면 결정력이 방해를 받게 된다. 생각의 힘을 모아 관련 업무에만 집중하도록 한다.

일과 무관한 사람의 관심은 거절한다

누군가 비전문적인 의견을 제시한다면 거절할 줄 알아야 한다. 많은 사람들의 의지가 일과 무관한 사람에 의해 좌우되며, 이것은 바로 한 사람의 불행으로 이어진다. 전문적인 의견은 귀담아 듣고 일과 무관한 정보의 침해는 무시하는 것이 업무 처리를 하는 데 있어서 현명한 자세다.

근거 없는 정보를 경계하라

난잡하고 근거 없는 정보가 갑자기 당신의 판단에 영향을 미치지 않도록 조심해야 한다. 그것이 당신의 주장을 바꾸는 일이 없도록 경계해야 한다. 증거가 부족한 말에 대해서는 신경 쓰지 말고 최대한 영향을 받지 않아야 한다.

자신의 의지와 계획대로 실천해나간다

자신의 세계에 대해 미리 짐작하고, 완성도 있는 계획을 세우고, 계획대로 추진한다면 미래에 대한 불안감은 사라질 것이다. 주변 사람들에 의해 의지가 꺾이지도 않을 것이다. 다른 사람의 주장에 흔들리거나 대중이 하는 대로 따라 하지 않고 주체적으로 자신의 계획을 실천하게 될 것이다. 이렇게 하면 쓸데없는 간섭을 무시하고 내면의 자유를 마음껏 펼칠 수 있다.

2장

인간관계, 소심해도 때로는 당당하게

거절도 반복해서 연습해야 한다.

거절 연습을 하는 동안에는 다른 사람과 교류하는 것이 두렵지 않다고, 거절 의사를 표현하는 것도 문제없다고 끊임없이 되새겨야 한다. 그 과정에서 사람들과의 교류 방식과 거절하는 노하우를 터득할 수 있다. 그러다 보면 소심해도 때로는 당당하게 말할 수 있게 된다.

No

수줍음이 소통을 방해한다

서우 씨는 젊은 나이에 잘나가는 벤처기업의 고위 임원 자리에 올랐다. 연봉은 80만 위안에 달했으며, 베이징에 집도 가지고 있었다. 주변 사람들 눈에 그의 앞날은 밝아 보였다.

누가 봐도 저우 씨는 자신의 능력으로 적의 포위를 뚫고 나아가는 모범적인 청년이었다. 하지만 그에게는 한 가지 큰 결점이 있었다. 바로 낯선 사람만 만나면 얼굴이 빨개지는 것이었다. 참으로 난감한 일이 아닐 수 없었다. 마치 신체의 사교 메커니즘에 큰 문제라도 생긴 것 같았다. 낯선 사람과 대화할 때면 까닭 없이 긴장이 되었다. 그런 상태에서 갑자기 어떤 부탁을 받으면 그 자리에서 거절하기가 힘들었다.

저우 씨는 출중한 능력을 가지고 있지만 수줍음이 많은 성격이다. 이 때문에 사람들과 잘 어울리지 못하고 그러다 보니 별거 아닌 일로 오해를 받기 일쑤였다. 집에서는 수다쟁이인데 사람들이 모인 장소에만 가면 꿀 먹은 벙어리가 되었다.

수줍음은 인간관계에서 흔히 나타나는 정상적인 반응이다. 젊을 때에는 낯선 사람과의 만남에 얼굴이 빨개지는 일이 많지만, 대부분 나이가 들고 경험이 늘어나면서 이러한 경향은 점차 사라진다. 특히 성공한 사람에게서는 이런 모습을 잘 찾아볼 수 없다.

아무리 능력이 출중해도 잘 거절하지 못하는 원인 중 하나가 바로 수줍음 때문이다. 수줍음이 많은 사람은 다음과 같은 행동을 보인다.

- 자신감이 부족해 자신에 대한 타인의 평가에 집착하고, 남들 앞에서 하는 행동에 지나치게 신경 쓴다.
- 다른 사람이 자신이 한 일에 대해 따질까 봐 겁을 낸다.
- 사람들과 함께 있을 때 얼굴이 빨개질까 봐 걱정한다. 이 때문에 다른 실수까지 저지르지 않을까 걱정하는 바람에 소통

하고 의사표현을 하는 데에도 가끔 지장이 있다.

- 만약 누군가 자신에 대해 왈가왈부하거나 비웃으면 더 긴장하면서 '적면 공포증'이 생긴다.

이런 현상이 나타나는 심리적 원인은 무엇일까?

적면 공포증을 가진 사람의 인체에서는 24시간 내내 심리적 싸움이 일어난다. 서로 다른 두 자아 간의 전쟁이다. 그중 한 자아는 수줍음 많고 유약한 성격으로, 어떻게 거절하고 극복해야 할지 모른다. 또 다른 자아는 이러한 국면을 바꿔보려 노력하고, 대뇌를 압박해 잘못을 고쳐 상황을 개선하고자 한다.

이 둘의 싸움과 공격은 항상 승패가 결정 나지 않는다. 그리고 이러한 갈등 속에서 사교에 대한 공포와 두려움이 나타난다. 일단 많은 사람들 앞에 서면 정신이 혼미해지고, 타인의 요구에 어떻게 대응해야 할지 몰라 난감해한다.

이런 사람들은 삶에 지쳐 있다. 사교 역시 그들에게는 부담스러운 일이다. 그들은 다른 사람과의 긴 대화를 피하기 위해 상대방이 부탁을 하자마자 그 자리에서 성급히 승낙해버린다. 거절하고 싶지 않다거나 거절할 줄 모르는 것이 아니라 소통의 과정을 견딜 수 없는 것이다. 소통의 용기와 기술이 부족한 탓에 어쩔 수 없이 내리는 결정이다.

그들은 대인기피증과 강박증이라는 심리적 장애를 동시에 가지고 있다. 이는 그 사람의 성격이나 습관과 관계가 있다. 그들은 보통 예민하다. 그리고 자신의 이미지에 신경을 곤두세운다.

그렇다면 어떻게 해야 낯선 사람을 만나도 얼굴이 빨개지지 않을 수 있을까?

자신감을 기른다

어쨌든 자신감을 기르는 연습이 필요하다. 자신감이 없으면 무슨 일을 하더라도 기대한 만큼의 효과를 볼 수 없다. 특히 쉽게 얼굴이 빨개지거나 사람들과 어울리는 자리를 피하기 위해 부당한 부탁을 들어주는 사람은 대부분 소통 능력과 자신감이 부족하며 심각한 열등감에 시달리고 있다. 그러므로 자신감을 기르는 것이야말로 첫 번째로 할 일이다. 열등감을 극복하면 다음 단계로 순조롭게 진입할 수 있지만 그렇지 않으면 무슨 방법을 써도 앞으로 나아가기 힘들다.

심호흡을 한다

곧 긴장하게 될 것이 느껴질 때에는 여러 번 심호흡을 한다. 규

칙적으로 한 번에 10초 이상 숨을 들이쉬고 내쉬는 상태를 유지한다. 이렇게 하면 긴장감도 해소되고 자신을 표현할 용기도 생긴다.

자신에게 계속 안정감을 준다

긴장감이 느껴질 때 그 즉시 책이나 펜과 같은 물건을 손에 쥐면 주의력이 분산되고, 그것이 습관이 되면 안정감을 느낄 수 있다. 이러한 습관은 하나의 인체 신호가 된다. 체내 반응 메커니즘이 확립되면 긴장 상태의 발생을 크게 줄일 수 있고, 돌발 상황에 차분하게 대처하도록 도와준다.

No

밖으로 나가 사람들과 어울려라

● 월스트리트의 어느 펀드회사에서 책임자로 일하고 있는 한 친구는 조용하면서도 괴팍한 성격의 '성공한 인사'다. 나는 7년 동안 우정을 쌓으면서 그가 외부의 초대 제안에 "죄송합니다"라고 응답하는 것을 몇 번이나 봤는지 모른다. 사람들은 끊임없이 그를 모임에 초대했고 그는 줄기차게 거절했다.

"한 고객이 자꾸 식사에 초대하는데, 벌써 이번 달에만 아홉 번째야. 물론 고맙고 기쁘지. 처음으로 사교 모임에 들어가볼까 하는 생각이 강하게 들더군. 생각해보니 4개월 넘게 이런 사적 모임에 나가지 않았더라고. 그는 우선 식사를 하고 시내의 바에 가서 한잔하자고 하더군. 그러겠다고 했지. 그런데 약속 두 시간 전에 다른 친구 몇 명이 더 나온다는 거야. 그 말을 듣고 나니 갑자기 흥미가 사라지고 몹시 불안해졌어. 심장이 빠르게 뛰기 시작했고 나갈 마음이 전혀 들지 않았어. 알잖아? 내가 낯선 사람과 악수하고 여럿이 시끌벅적한 곳에 모여 있으면 긴장하는 거."

이 초대에 어떻게 대응해야 할지 곰곰이 생각해보았지만 그는 좋은 해결 방법을 찾아내지 못했다. 결국 어쩔 수 없이 다시 한 번 고객의 호의를 거절해야 했다. 그는 마음 깊이 자리 잡은 공포에 또다시 굴복하고 말았다.

"그날은 혼자 집에 있었어. 배달시켜서 저녁을 먹고 신문을 본 다음 침실에 가서 곯아떨어졌지. 그날 이후 그 고객은 더 이상 나를 식사나 다른 어떤 모임에도 초대하지 않더군."

20년 전 내가 막 열심히 일하기 시작했을 때가 생각났다. 얇은 월급봉투와 값싼 아파트, 무미건조하기 짝이 없는 생활 리듬. 나는 매일 스케줄을 꽉꽉 채워놓고 일분일초도 아끼며 일에만 몰두했다. 그리고 어떤 사교활동이나 모임에도 나가지 않았다. 친구가 전화를 걸어 나오라고 할 때마다 나는 늘 말했다.

"바쁜 거 잘 알잖아?"

그렇다. 열심히 일하기 시작하는 시기에는 대체로 떠들썩한 곳을 피하게 된다. 따뜻한 햇볕이 내리쬐어도 아름다움을 느낄 새가 없다. 그저 온 정신을 일에 쏟으며 한시도 긴장을 못 늦춘다.

조금 성과를 거두고 나면 외부 세계로 빠져나와 평범한 생활을 이어갈 수 있다. 하지만 이 시기에 이미 조용한 것에 익숙해져 외부의 소란스러움에 대처하지 못하는 나쁜 습관이 생기기도 한다. 이런 사람들에게 새 친구를 사귀기란 매우 어려운 일이다.

나와 그는 깊은 우정을 쌓았지만 그와 낯선 사람은 전혀 그렇지 않다. 이렇게 된 것은 그의 마음속에 악마가 숨어 있기 때문이다. 의사표현의 어려움과 결정 장애 때문에 그는 사람들과 어울리는 데 심한 불안을 느낀다. 낯선 사람의 부탁에 어떻게 응해야 할지 도무지 알지 못하기 때문이다.

마음을 여는 것은 쉬운 일이 아니다. 그렇다고 평생 빛이 들지 않는 구석에 숨어 있을 수만은 없다. 한 번에 안 되면 두 번, 세 번 해보면 된다. 새로운 생활에 적응하고 만족할 때까지 이렇게 새로운 습관을 만들면 되는 것이다.

사람들과 어울리면 어떤 점이 좋은 걸까? 떠들썩한 분위기 속에서 사람들과 어울리는 연습을 하면 복잡한 상황에 대처하는 순발력을 향상시킬 수 있다. 또 짧은 시간 안에 상대방의 의도를 파악하고 가장 적절한 판단을 할 수 있게 되기도 한다.

No

낯선 세상에 뛰어들기 전 준비 자세

● 왜 밖으로 나가야만 할까? 만약 밖에 나가지 않고 집에만 머문다면 영원히 자신하고만 대화할 수밖에 없다. 자기 방어 상태에서 빠져나와 직접 소통과 교류를 경험하고, 자신의 '교류 전략'과 '거절 메커니즘'을 바꾸어야 한다. 계속 회피하기만 한다면 당신은 영원히 사람들과 어울리지 못하게 될 것이다.

열등감과 나약함을 이겨내려면 단순하게 사고하는 것이 좋다. 어렸을 때부터 지금까지 쑨 씨의 세계는 마치 백지처럼 단순하다. 그는 많은 친구를 사귀지도 않고, 가족과도 많은 대화를 나누지 않았다. 그의 아버지는 그가 집에 오면 서재에서 책만 볼 뿐 누구와 통화를 하는 일도 드물다고 말했다. 부모님이 대화를 청할 때마다 그는 한결같이 이렇게 말했다.

"책 봐야 해요."

그렇다면 회사에서는 어떨까? 그의 상사는 쑨 씨에 대해 이렇게 평가했다.

"정말 이상한 사람이죠. 무슨 일을 시키면 그대로 해요. 반대 의견을 내는 법이 없죠. 엄청 말을 잘 듣고 복종하는 것 같지만 창의력은 부족해요. 능동적이지 않고 업무 성과도 낮아요. 그래서 고객 평가는 언제나 엉망이죠. 고객들은 그가 적극적으로 소통하지 않고 건설적인 의견을 주지 않는다고 불만이에요."

쑨 씨에게는 여자친구가 없다. 몇 번 소개팅을 한 적은 있지만 모두 실패로 끝났다. 그에게 소개팅은 결코 쉬운 일이 아니었다.

카페에 앉아 상대방을 기다리면서부터 쑨 씨는 이미 마음이 불편했다. 5분 정도 지나자 식은땀이 흐르기 시작했고, 상대 여성이 문을 열고 들어올 때쯤엔 이미 온몸이 땀으로 흠뻑 젖어 있었다. 그 뒷일은 불 보듯 뻔했다. 여성은 한눈에 그가 별로라고 느꼈다. 며칠 지나지 않아 그에 대한 소문이 쫙 퍼져 누구도 그와 소개팅을 하고 싶어 하지 않았다.

쑨 씨는 외부 세계를 철저히 회피하며 자신의 단점인 수줍음을 내면 깊이 감추려고 했다. 그에게 삶은 이미 가치를 잃었다. 삶은 즐기는 것이 아니라 시달리는 것이 되어버렸다. 때문에 그는 전혀 바깥세상으로 나가고 싶어 하지 않았다.

이런 유형의 사람들은 내성적이며 열등감을 가지고 있는 경우가 많다. 또 대체로 타인에게 거절당할 것을 두려워하거나 자신의 말투와 태도에 자신이 없다. 그리고 어떻게 타인을 상대하고, 자신의 영역을 지켜야 할지 잘 모른다.

이런 사람들은 대부분 혼자 있는 것을 좋아하고, 실패한 과거의 경험을 머릿속에서 지우지 못하곤 한다. 그 때문에 사교나 협상에 대해 부정적이며 회의적이다. 이러한 상태에서 방문을 닫고 커튼을 치면서 다른 사람과 먼 거리를 유지하는 방법 등을 터득하게 된다. 하지만 그럴수록 상황은 더욱 심각해진다.

해결 방법은 단 하나, 바로 이 당황스럽고 어찌할 바 모르는 환경에서 일단 나오는 것이다. 그리고 스스로 실전에 뛰어들어 넘어지고 부딪히면서 자신의 자리를 찾는 것이다.

인생의 많은 일들이 그렇다. 한 발자국도 움직이지 않고 침대 구석에 걸터앉아 푸념만 늘어놓는 것이 아니라 행동에 옮겨야만 방법을 찾을 수 있다. 하지만 아무런 준비 없이 첫발을 떼는 것은 위험하다.

용기도 물론 중요하지만 용기만 가지고서는 사태를 더욱 위태롭게 만들 수 있다. 이미 수많은 참혹한 사례가 이를 증명해주었다. 용기만 가지고 낯선 장소에 뛰어들어 자신의 사교성을 키워보려던 사람의 최후는 대부분 실패로 끝났다. 그들은 만신창이가 되었고, 오히려 더 나약해졌다. 그들이 막 내디딘 두 발은 더욱 움츠러들어 과거보다 더 과묵하게 자신을 방에 가둔다.

문을 열고 밖으로 나서기 전에 다음 사항들을 먼저 고려해야 한다.

가장 신뢰하는 사람과 많이 소통한다

신뢰하는 사람과 의사소통을 하는 경험을 쌓으면서 인간관계에서 자신을 보호하는 방법을 터득하고, 어떤 요구가 자신에게 피해를 주는지 분별할 수 있다.

우선 자신의 심리 상태를 조절한다

마음을 편하게 먹고 사람과 사람 사이의 교류를 진심으로 이해해야 한다. 자신에 대한 환상이 아닌 있는 그대로의 현실을 인정하고, 받아들이고, 개조하는 데 초점을 맞춰야 한다.

끊임없이 자신을 격려한다

지난 일주일 동안 자신이 한 모든 행동을 생각해본다.

'말을 잘 못하지 않았나?'

'소통하면서 용기를 잃었었나?'

'중요한 시점에 말하지 못한 적이 있었나?'

그런 다음 왜 이러한 행동을 하게 되었는지 분석하고 앞으로의 전략을 조정한다.

No

괜히 긴장할 이유가 없다

● 만약 무엇을 어떻게 해야 할지 잘 모르겠다면 일단 한 걸음 물러서보자. 각도를 바꿔보면 무엇이 문제인지 찾아낼 수 있다.

'그래, 내가 너무 긴장했어. 그가 불편하지만 그와의 관계를 깨고 싶지는 않아. 이 일은 정말 어려워. 그런데 상대방이라고 마음 편하겠어? 그도 나처럼 전전긍긍하고 뜨거운 가마 속 개미처럼 허둥대고 있겠지?'

한 걸음 물러서보면 상대방을 우러러보던 것을 똑바로 보도록 바꿀 수 있다. 이는 긴장감을 최대한 낮춰 당신이 상대방을 보다 여유 있게 대할 수 있도록 도와준다.

평소 말이 없던 헬렌은 대학교 졸업식에서 졸업생을 대표해 처음으로 교단에 올라가 발표를 하게 되었다. 그녀는 득의양양했다. 하지만 뜻밖의 일이 그녀의 인생을 바꾸어놓았다. 연단으로 나가다가 그만 계단에 걸려 넘어지는 바람에 강당이 순식간에 웃음바다가 된 것이었다.

언제나 자신의 이미지에 신경을 많이 쓰던 헬렌은 무의식중에 몸을 일으켜 세우고, 침착한 척하며 연단으로 올라가 연설을 시작했다. 하지만 객석은 또 한 번 시끌시끌해졌다. 그녀가 실수로 선생님의 이름을 잘못 말한 것이었다.

몇 년 후 직장생활을 하게 될 때까지 헬렌의 마음속에는 여전히 그때의 악몽이 남아 있었다. 특히 특정 장소에 가기 전에는 자기도 모르게 초조해졌고 자신의 언행을 통제할 수가 없었다. 마치 갑자기 자아를 상실한 것처럼 주관도 없고 두서도 없었다.

며칠 전 회사에서 큰 회의가 열렸는데, 상사는 헬렌에게 부서 대표로 이사장에게 보고하라는 지시를 했다. 입을 떼자마자 헬렌의 목소리는 떨리기 시작했고 긴장할수록 말이 나오지 않았다. 이 일로 헬렌의 직장생활은 암울해졌다.

그 불명예스러운 경험은 헬렌에게 심각한 트라우마를 남겼다.

그녀는 그 일에서 벗어나고 싶었지만 도무지 어디에서부터 시작해야 할지 막막했고 적절한 방법을 찾을 수 없었다. 게다가 평소 말이 없고 누구에게도 고민을 털어놓지 않는 성격은 그녀의 사교성 문제를 더욱 악화시키는 원인이 되었다.

헬렌의 경우 입장을 바꾸어 생각해보거나 우월한 심리를 확립하면 결과가 달라질 수 있다. 예컨대 '내가 연단 아래 앉아 있던 학생이었다면 어땠을까?' 하고 가정해보는 것이다. 분명 부러움을 안고 연단 위에 선 자신을 바라보았을 것이다.

'정말 멋있다! 나에게도 연단에 올라가 연설할 수 있는 기회가 있었다면…….'

큰 회의에서 보고하는 것도 마찬가지다.

'긴장은 되지만 이런 기회를 얻지 못한 동료들은 분명 나를 부러워하겠지? 긴장해야 할 사람은 바로 그들이라고!'

이런 태도로 임한다면 여유를 되찾을 수 있을 것이다.

한 걸음 뒤로 물러서기 전략을 통해 상대방을 진실하게 분석하고, 나와 타인의 다른 점을 객관적으로 바라보아야 한다. 헬렌이 이 한 걸음의 실질적인 의미를 이해하려면 열등감을 느끼는 원인은 사실 자신에 대한 요구가 지나치게 높은 것일 뿐 자신이 실제로 잘할 수 없기 때문이 아니라는 사실을 깨달아야 한다.

스스로에게 모든 일을 완벽하게 하도록 요구할 수는 없다. 일은 순리에 맡겨야 한다. 그래야 마지막에 좋은 결과를 얻고, 트라우마에서 점차 빠져나와 자신감과 결단력을 되찾을 수 있다.

No 사람을 만나는 일에도 연습이 필요하다

● 거절도 반복해서 연습해야 한다. 마치 마라톤과 같다. 결승선까지 뛰는 과정은 매우 길다. 그 긴 시간 동안 한시도 한눈팔지 않고 앞을 향해 달려 나가야 한다. 이처럼 거절 연습을 하는 동안에는 다른 사람과 교류하는 것이 두렵지 않다고, 거절 의사를 표현하는 것도 문제없다고 끊임없이 되새겨야 한다. 거절 연습을 하는 과정에서 사람들과의 교류 방식과 거절하는 노하우를 터득할 수 있을 것이다.

자신에게 이 세 가지를 물어보자.

- 남들 앞에 서는 게 부끄러운가?
- 사람들의 주목을 받고 싶지 않은가?
- 다른 사람이 나를 어리석다고 생각할까 봐 두렵거나 혹시 내성적으로 보일까 봐 걱정되는가?

이 세 질문 중 두 개 이상에 '그렇다'고 대답했다면 당신은 이미 대인기피증을 앓고 있다고 할 수 있다. 혼자만의 공간에 숨고 싶거나, 낯선 사람과의 접촉을 원치 않거나, 소통을 회피하고 싶다면 노력을 통해 바꾸어나가야 한다.

대인기피증의 이유를 알기 위해서는 마음 깊은 곳에 숨어 있는 근원을 찾아내야 한다. 거절 연습을 하기 위해서는 먼저 언제 말문이 막히고 자신의 생각을 표현하지 못했는지 생각해본다. 위엄 있는 상사 앞에서였나, 아니면 불편한 친구 앞에서였나?

당시의 상황을 다시 떠올려보고 같은 일이 발생했을 때의 대응 방식을 반복해서 연습한다. 그러다 보면 초조함과 긴장감이 줄어들어 난처한 순간에 용감하게 맞설 수 있게 된다. 낯선 사람들과의 모임에 참석해 거절 훈련을 해보는 것도 도움이 된다. 이렇게 거절 연습을 반복하다 보면 두려움을 느끼는 감정에서 빨리 벗어날 수 있다.

No

나만의 영역은 반드시 지켜야 한다

● 매일 밤, 잠들기 전에 스스로에게 다음의 다섯 가지 질문을 한 번씩 해보자.

- 나는 오늘 또 어떤 결정권을 포기했는가?
- 나는 오늘 타인에게 양보를 했는가?
- 그 양보는 적절했는가?
- 나는 오늘 나의 입장을 고수했는가?
- 내일 나는 어떻게 해야 할 것인가?

이 질문에 성실히 답하려면 종이나 일기장에 적는 것이 좋다. 질문 바로 아래에 앞으로 어떤 방법과 입장을 취할 것인지 계획을 분명히 적은 다음 그 결심을 실천해야 한다. 그리고 다음 날 밤 잠들기 전, 실천에 잘 옮겼는지 점검하고 곤란했던 점은 무엇인지 살펴본다. 이렇게 반복하다 보면 자신에 대해 분명히 알게 되고 더 확실한 성과를 기대할 수 있다.

만약 당신이 자꾸 물러서기만 한다면 다음과 같은 결과가 나타날 것이다.

- 다른 사람들의 눈에 당신은 얕보기 딱 좋은 사람이다. 모두가 당신의 태도를 당연시하고, 심지어 단체로 습관이 되어 있다. 다시 말해 사람들은 누군가의 양보가 필요할 때 맨 처음 당신을 떠올리고 만장일치로 당신을 희생양으로 삼는다.
- 당신은 잠재의식 속에 자신을 반드시 양보해야 하는 사람이라고 인식하고, 양보가 습관이 되었으며, 물러서는 것이 본능이 되었다. 시간이 흐르면서 당신은 늘 손해를 보고, 심지어 어쩌다 'No'라고 말하면 자신조차 낯설게 느낀다.

이런 손해를 피하려면 반드시 자기만의 영역이 있어야 한다.

즉, 마지노선을 정하거나 최후의 '보루'를 마련하고 여기까지 물러서면 더 이상 양보할 수 없다는 것을 분명히 전해야 한다. 만약 자신이 정한 영역에서 벗어나면 반드시 거절을 하거나, 아니면 아예 힘으로 밀어내야 한다.

핵심은 '사람이든 일이든, 반드시 원칙이 있어야 한다'는 것이다. 마지노선이나 최후의 보루는 곧 '경계'를 의미한다. 마치 군대의 지휘관이 전쟁터에서 아군 진영 외곽에 진지를 세우는 것과 같다. 만약 이 진지가 무너지면 연쇄반응이 일어나 매우 끔찍한 결과를 초래한다. 예컨대 자꾸만 물러서다 더는 물러날 곳이 없어지면 모든 영역이 타인에 의해 점거되고 만다.

현재 구글에서 일하고 있는 샌디는 연봉이 약 20만 달러로, 봄날 같은 인생을 살고 있다. 하지만 3년 전만 해도 그녀의 세계는 지금과 달랐다.

"저는 마치 바람에 날리는 연처럼 주변 사람들에게 이리저리 끌려다니고, 낯선 사람에게 쫓기고, 가족들에게도 불려 다녔어요. 저는 원칙이 없었어요. 지금까지 핸들 없는 자동차, 항법장치가 고장 난 비행기 같았죠. 누가 이끄는 대로 따라가는 것이 제 원칙이었는지도 몰라요."

일상생활에서나 일을 할 때나, 스물이 갓 넘은 샌디는 언제나 양보하는 입장이었다. 그녀에게는 담장도, 최후의 마지노선도 없었다. 남자친구가 아프리카로 가서 일을 하겠다고 했을 때에도 그녀는 안전 문제가 마음에 걸렸지만 반대할 용기가 없었다. 부모님이 그녀가 워싱턴에서 일하기를 원하셨을 때에도 속으로는 내키지 않았지만 거절하지 않았다. 때문에 무미건조한 사무실에서 1년 반이라는 세월을 허비했다.

이러한 날들 속에서 샌디는 날마다 기운이 없었고 모든 것이 암담하게 느껴졌다. 다른 사람들의 세상은 화려하고 즐거워 보이는데, 그녀에게는 삶이 의미 있게 느껴지지 않았다. 매일의 일상이 그녀 스스로 결정한 것이 아니었기 때문이다. 그녀는 원하지 않는 의식을 이행만 했을 뿐이었다.

그러던 어느 날 샌디는 과거를 돌아보고 드디어 달라지기로 결심했다.

"오늘부터 잃어버린 내 자아를 찾을 거야. 누구도 내 영역을 마음대로 침범할 수 없어!"

그 후 그녀는 더 이상 뒤로 물러서지 않았다. 더 이상 그 누구의 지시도 받아들이지 않았다. 그녀는 사표를 내고 6개월간 충전과 선택의 시간을 가졌다. 그 뒤 자신이 좋아하는 다른 일을 찾았고, 자신이 살고 싶은 도시에 거주하고 있다.

No

마지노선은 절대 못 넘게 하라

● 2013년 3월, 나는 홍콩의 한 회사에서 중간간부들을 상대로 심리교육을 했다. 첫 미팅 자리에서 모두들 말이 없었고, 제시한 질문에 대한 반응은 거북하고 어색하기 짝이 없었다.

미팅이 끝난 뒤 차이라는 간부에게서 전화가 걸려왔다. 나와 이야기를 더 나누고 싶다는 것이었다. 우리는 카페에서 만났다. 그런데 차이 부장은 낮에 본 모습과 전혀 달랐다.

회의실에서 그는 태연스럽고 시원시원하게 이야기했다. 업무상 문제 따위는 전혀 없어 보였다. 하지만 카페에 앉아 있는 그는 매우 기운이 없어 보였다.

"최근 골치 아픈 일이 생겼는데 아주 죽겠습니다."

10여 분 뒤 사건의 전말을 알게 되었다. 이사회에서 그에게 싱가포르 고객의 협상안을 맡기면서 내막을 훤히 알려주지 않은 것이었다. 다시 말해 최소한의 조건이 무엇인지도 알려주지 않고 스스로 판단하라고 했다는 것이다. 예견력이나 협상 기술이 부족한 차이 부장은 이번 일로 큰 시험대에 올랐다. 그는 이렇게 말했다.

"협상이 잘되면 좋겠지만, 만약 잘 안 되면 쫓겨나는 거죠."

이런 갈등에 휩싸인 채 그는 싱가포르에서 온 고객과 호텔에서 이미 7, 8일 동안이나 협상을 이어갔다. 협상 초기에는 날카로운 설전이 오가다가 나중에는 하나하나 양보하기에 이르러 결국 치욕 대잔치를 치렀다고 했다.

"상대방에게 제 비장의 카드를 완전히 읽혀버렸죠. 제가 이사회에서 지시를 받지 못했다는 것을 알고 끊임없이 새로운 문제를 제시했어요. 가격도 최저 수준으로 깎았고요. 저는 그저 힘없이 끌려다닐 수밖에 없었죠."

"계약은 끝났나요?"

내가 묻자 그는 황급히 말했다.

"아직 초안 단계예요. 하지만 값을 올릴 용기가 없어요. 회사에는 더 이상 기대할 게 없어요. 이대로 보고하면 전 끝이에요."

"해결 방법이 있는데 아주 간단해요. 잠시 뒤 고객에게 전화를 걸어 이 협상에 새로운 이슈가 생겼다고 전하세요. 모든 요소를 다시 따져보다가 새로운 상황을 발견했다고 말하고, 최저 조건이 얼마인지 생각한 대로 그들에게 알려주세요. 그리고 이 수치가 결코 넘을 수 없는 수용 가능한 최저가이고, 다른 어떤 협상의 여지도 없음을 밝히고 내일 아침 답변을 달라고 하세요. 그럼 분명 만족스러운 답을 얻으실 거예요. 저를 믿으세요."

"그렇게 간단해요?"

"네, 아직 끝나지도 않았는데 선 하나 긋는 게 뭐 어려운 일이겠어요? 어려운 건 차이 부장님 마음 아니겠어요?"

차이 부장은 내 의견에 동의했다. 자신이 난처할 뿐이지, 만회의 여지가 없는 것은 아니었다.

30분 뒤 그는 고객에게 전화를 걸었다. 예상대로 다음 날 오전 9시에 상대방에게서 회신이 왔다.

"원칙적으로 그 가격에 동의합니다."

만약 애초부터 그가 마지노선을 정해놓았다면 자신의 마음에 선을 그어놓고 협상에 임했을 것이다. 그랬다면 협상 과정이 그렇게 어렵지는 않았을 것이며, 분명 간신히 만족할 만한 결과에 그치지도 않았을 것이다.

우리가 경계선을 긋는 최종 목적은 이 경계선에 만족하기 위해서가 아니다. 상대방에게 우리의 경계를 일깨워주는 동시에 적극적인 전환을 도모하기 위해서다. 우리는 최악의 상황에 대비하면서도 실질적으로는 최선의 해결책을 찾기 위해 노력해야 한다. 다시 말해 거절은 협상 체결을 위한 것이고, 물러서지 않는 것은 공공의 이익을 위한 것이다. 이러한 사고방식을 터득하면 최악의 상황을 예측할 수 있고, 결정과 처세에 따른 리스크를 진지하게 평가할 수 있다. 이렇게 하면 변화무쌍한 환경에서도 당황하지 않고 최후의 경계선을 지킬 수 있다.

마지노선은 긍정적 성과에 집중하는 것이 아니라 부정적 결과에 착안하게끔 한다. 말하고 행동하고 생각하기 전에 강력한 방범체계를 세워 발생 가능한 리스크를 막아야 한다. 다시 말해 먼저 '거절'과 '모든 것을 잃을 준비'를 하고 그다음 가장 이상적인 결과를 추구하는 것이다.

그렇다면 반드시 지켜야 할 마지노선이란 어떤 것인가?

자존심은 꼭 지켜라

자존심을 버리고 상대방의 요구에 동의해서는 절대로 안 된다.

자존심을 지키는 것은 우리의 첫 번째 경계선이다.

많은 사람들이 자존심을 버리고 타인을 만족시키는 데 초점을 두지만, 자신의 고통은 말도 못 하고 이렇다 할 성과도 얻지 못한다. 무조건 제1원칙은 자존심이다.

일단 자존심에 상처를 받으면 적절히 거절해야 한다. 그러고 나서 다시 다른 문제를 논의한다.

소통을 피하면 손실이 생긴다

타인과의 소통에는 효율 문제가 존재한다. 소통을 피하면 당장은 손해가 없더라도 시간이 흐르면서 뜻밖의 손실을 볼 수 있다. 이럴 경우 쌍방이 문제를 질질 끌며 해결하지 못하게 된다. 따라서 소통을 주저하는 것을 가장 피해야 한다.

끊임없이 상대방에게 질질 끌려다닐 게 아니라 이성적으로 상대방을 독촉하고 설득할 수 있어야 한다. 적절한 시기에 소통하여 신속하게 협의에 이르거나 대화를 종결해야 한다.

최소한의 이익은 반드시 확보하라

어떻게 생각하면 삶이나 일의 궁극적인 목적은 바로 이익의 만족을 실현하는 데 있다. 누구나 자신의 단기 및 장기적인 이익에 주목해야 한다. 그리고 '최소한의 이익'을 확보해야 한다.

만약 상대방의 요구가 이 경계선을 넘는다면 과감하게 거절하고 더는 양보하지 말아야 한다. 계약 조항이나 업무의 보상 등 공리성이 강한 문제에서 일단 경계선을 그으면 절대 타협하지 말고, 상대방이 나의 원칙과 이익을 존중하도록 해야 한다.

No

최악의 상황에 미리 대비하라

● 'No'라고 말하기 전에 거절에 대한 두려움을 극복하는 것이 중요하다. 그렇다면 어떻게 해야 두려움을 극복할 수 있을까?

드래그 교수는 두려움을 극복하려면 반드시 최악의 상황을 예측해봐야 한다고 강조한다.

"우리가 가장 큰 난관을 미리 예상하는 것은 자신에게 겁을 주기 위해서가 아니라 그것을 극복하기 위해서입니다. 자신을 속박하기 위해서가 아니라 필사적으로 벗어나기 위해서죠. 어떻게 해야 두려움을 극복할 수 있을까요? 두려움이란 도대체 무엇일까요? 먼저 그 일의 내재적 관계를 자세히 살펴봐야 합니다. 그러고 나서 구체적인 방법을 설계해야 하죠. 사람은 절망 속에서 희망을 찾고, 위험 속에서 기회를 발견하며 긍정적인 힘을 끌어올릴 수 있습니다. 그렇지 않으면 두려움에 사로잡혀 아무것도 얻지 못할 것입니다."

어떤 일이 다양한 변수를 가지고 있다는 사실을 알게 되었을 때 두려움을 없앨 방법이 있을까? 많은 사람들이 마음속 준비를 통해 결과를 예상하고 그에 필요한 계획을 세운다. 가령 다음과 같은 식이다.

- **가장 긍정적인 계획:** 나는 똑똑한 사람이다. 나는 반드시 해내고 어려움을 극복하고 승리를 얻을 것이다!
- **가장 비관적인 계획:** 나는 멍청한 사람이다. 나는 절대 해내지 못할 것이고 난관에 부딪혀 좌절할 것이다!

이 두 가지는 서로 다른, 완전히 상반된 계획이다. 전자에서는 자신이 반드시 해낼 것이며, 난관을 극복하고 목표를 실현할 수 있다고 판단했다. 반면 후자에서는 자신에 대해 비관적으로 생각하고, 스스로 해내지 못할 것이라고 판단했다.

일반적으로 사람들은 이처럼 상반된 생각을 품고 있다. 어쩌면 최악의 상황을 미리 생각해봄으로써 자신감을 잃고 싶지 않을 수도 있다. 비관적으로 생각하지 않으면서도 자신감을 가질 수 있는 것이다. 그것은 대단한 일이다. 하지만 단순히 자신감을 지키는 것만 생각해서는 안 된다. 예상치 못한 상황에서 모든 고난의 요소를 예측해야만 문제가 발생하기 전에 또 다른 대비를 할 수 있다.

'일단 이런 상황에서 어떻게 해야 할까?'

'평소 이런 난감한 상황에 어떻게 대처 방안을 준비해야 할까?'

'어떻게 하면 매번 물러서지 않고 눈앞에 펼쳐진 사태를 통제할 수 있을까?'

차이 부장은 말주변도 없고, 고객과의 소통도 매끄럽지 않은 사람이다. 그는 상대방이 불리한 조건을 제시하고 나서야 더 이상 반박할 수 없는 최악의 상황에 직면했다는 사실을 깨달았다. 해결 방법은 이러한 상황에 대해 평소 충분히 예상해보고 언변 기술과 용기를 끌어올리는 것뿐이다. 하지만 차이 부장은 그렇게 하지 않았다. 때문에 고객에게 모욕을 당했고, 두려움을 들키고 말았다. 두려움이 커질수록 더욱 나서지 못했고, 개선할 계획도 세울 수 없었다.

두려움이 일상이 되면 실제로 그렇지 않더라도 상대방의 눈에 비친 당신은 매우 내성적인 사람이 된다. 몇 년의 시간이 흘러도 당신은 이런 부정적인 인상을 지울 수 없다. 막대한 대가를 치르고 나면 그제야 스스로 무엇을 잃었는지 알게 될 것이다.

왜 이런 불리한 상황이 일어날까? 마지노선을 생각할 때 많은 사람들이 자신에 대해 잘못된 암시를 하기 때문이다.

그들은 최악의 상황에 대비하고 결코 일어나서는 안 되는 상황을 생각하지만 단지 상상에 그친다. 노력을 통해 개선하려고 하지 않는다. 그저 사태가 원래의 방향대로 흘러가게 내버려둘 뿐이다. 그들은 거절 방식만 터득했을 뿐 어떻게 목표를 실현할지는 모른다.

대처 방안을 반드시 생각해둬야 한다. 이것이 마지노선을 세우는 것의 핵심이다. 그래야만 결과를 예측하는 동시에 실제로 최악의 상황을 피할 수 있으며, 모든 뜻밖의 상황을 자신의 통제 안에 둘 수 있다. 그러면 스스로에게 이렇게 말할 수 있게 되는 것이다.

"그까짓 것, 별거 아니야!"

자아를 상실했거나 결정 장애를 가진 사람이 마지노선을 세우려면 우선 자신의 관념을 바꿔야 한다. 이제까지의 잘못된 경험은 잊어버리고 자신에게 먼저 마지노선을 지킬 것인지 물어야 한다. 이것이 바로 마지노선의 진정한 본질이다.

마지노선을 생각해두는 것에 대해 사람들은 보통 어떤 실수를 하고 있을까?

마지노선의 의미를 잘 모른다

대부분 마지노선의 글자상 의미는 알지만 원칙을 지켜야 하는 진정한 가치는 잘 모른다. 지켜야 하는 원칙이 어떤 이유에 근거해야 하는지, 또 어떠한 가치관에서 시작되었는지 알지 못한다.

방법과 관념을 혼동한다

아직도 많은 사람들이 방법과 관념을 혼동하고 구분하지 못한다. 사실 모든 방법은 어떠한 기본 원칙에서 생겨나고 원칙은 관념의 산물이다.

마지노선을 중요하게 생각 안 한다

인간관계든 일이든, 기본 원칙이 없다면 지켜야 할 마지노선도 없을 것이다. 평소 원칙에 근거가 없다면 순간의 감정에 따라 마음대로 결정할 것이다. 이런 사람들은 끈기가 없고 말의 앞뒤가

맞지 않아, 원칙이 없고 마지노선도 없는 사람으로 보여 존중을 받기 어렵다.

일단 마지노선이 무너지면 재앙에 가까운 결과를 초래한다. 마지노선이 없으면 물러서게 되고 계속 추락한다. 이는 튼튼한 기초를 잃는 것과 같다.

평소 인간관계에서나 일을 할 때 반드시 마지노선을 지켜야 하며 기본 원칙을 고수해야 한다. 그래야만 거절하지 못하는 습관을 끊어버릴 수 있다. 마지노선을 넘으려는 일 앞에서는 'No'를 외치며, 스스로 자신의 삶을 조종하고 자기 인생의 주인이 되어야 한다.

3장

어떤 상황에서도 마음의 행복 찾기

부정적인 경험이 많이 쌓이면 아무런 흥미를 느끼지 못한다.

그리고 자신의 일이 아무런 가치도, 의미도 없다고 느낀다.

삶에서 어떤 동력도 찾지 못하는데 원대한 목표를 이루기란 불가능하다.

부정적인 경험이 우리의 삶과 일에 가져오는 부정적인 영향을 경계해야 한다.

어떤 상황에서도 마음의 행복을 찾아야 한다.

No

정서적 안정을 찾는 것이 먼저다

● 사람의 정서는 통제 능력의 높고 낮음으로 구분할 수 있다. 어떤 사람은 늘 좋은 정서를 유지하고, 어떤 사람은 늘 나쁜 정서에서 벗어나지 못한다. 정서를 통제하는 능력은 의지와 판단력에 영향을 미치며, 기본적으로 행동을 주도한다.

성공한 사람들은 대체로 긍정적인 정서를 지니고 있으며, 양호한 정서 통제 능력을 가지고 있다. 그들은 자신감에 차 있고 온화하며 항상 용기 있게 행동한다. 한마디로 나쁜 정서를 통제하는 능력이 있다.

사실 정서 통제 능력은 IQ나 학력, 돈, 배경, 기회보다 훨씬 중요하다. 마음을 차분히 가라앉히고 자신을 자세히 관찰해보면 무엇이 문제인지 바로 발견할 수 있을 것이다.

'바로 이 점 때문에 내가 뒤처졌구나!'

자신의 정서를 통제하지 못하는 사람은 체내에 부정적 에너지가 가득 차 있다. 그러면 좀처럼 정신을 집중하여 가치 있는 일에 몰입하기가 어렵다.

정서 통제 능력이 떨어지는 사람은 체력뿐만 아니라 의지도 약하다. 일할 때에도 열심히 하지 않고, 친구를 대할 때에도 진심을 다하지 않는다. 또 가족을 대할 때에도 무신경하다. 어떤 일이든 억지로 할 뿐 흔쾌히 승낙하지도, 과감하게 거절하지도 못한다.

오른쪽 페이지의 자가 정서 테스트를 통해 자신의 정서 상태를 확인해보자. 정서가 안정적인 사람이라면 심리적으로 성숙할 것이다. 자신의 정서 상태를 통제하고 편안하게 유지해 정서 수준을 끌어올린다면 판단력과 용기를 잃게 만드는 부정적인 요소를 멀리하며 안정적인 마음가짐으로 일상생활과 사회생활에 임할 수 있다.

| 자가 정서 테스트 |

① 스스로 여러 가지 고난을 극복할 수 있다고 생각하는가?		
A 그렇다	B 반드시 그렇지는 않다	C 그렇지 않다
② 자신이 과거에 기대했던 인생 또는 업무상 목표를 이루었다고 항상 생각하는가?		
A 그렇다	B 반드시 그렇지는 않다	C 그렇지 않다
③ 몇 년 전 존경했던 선배(또는 선생님)가 지금도 여전히 존경스러운가?		
A 그렇다	B 잘 모르겠다	C 그렇지 않다
④ 공공장소에서 자신이 인사하고 싶지 않은 사람을 피하는 것은 그의 요구를 거절할 용기가 없기 때문인가?		
A 거의 그렇지 않다	B 간혹 그렇다	C 자주 그렇다
⑤ 책을 읽고 음악을 들을 때 누군가 옆에서 큰 소리로 떠든다면 당신은 어떻게 할 것인가?		
A 계속 집중해서 책을 읽거나 음악을 듣는다	B A와 C 사이	C 집중하지 못해서 화가 난다
⑥ 당신은 어느 곳에서든지 방향을 쉽게 분별할 수 있는가?		
A 그렇다	B 반드시 그렇지는 않다	C 그렇지 않다
⑦ 현재 당신은 자신이 배운 지식에 대해 자부심을 느끼는가?		
A 그렇다	B 반드시 그렇지는 않다	C 그렇지 않다
⑧ 당신의 감정은 계절이나 날씨에 따라 변하는가?		
A 그렇다	B A와 C 사이	C 그렇지 않다
⑨ 당신은 잠을 잘 못 자고 자주 꿈을 꾸는가?		
A 그렇다	B 간혹 그렇다	C 전혀 그렇지 않다
⑩ 거대하거나 흉악한 물건을 보면 그것이 당신을 위협하지 않더라도 압박감이 드는가?		
A 그렇다	B 반드시 그렇지는 않다	C 전혀 그렇지 않다

⑪ 환경이 바뀌면 당신은 어떻게 행동할까?		
A 모든 것을 전과 다르게 계획한다	B 잘 모르겠다	C 전과 똑같이 계획한다
⑫ 당신이 반감을 느끼는 일도 거절하지 못하리라고 생각하는 사람들이 있음을 발견했는가?		
A 그렇다	B 주의하지 못했다	C 전혀 그렇지 않다
⑬ 항상 남을 돕고 선의로 대하는데 아무런 보상도 받지 못한다고 생각하는가?		
A 그렇다	B 반드시 그렇지는 않다	C 전혀 그렇지 않다
점수: 1번~9번 문제- A.2 B.1 C.0 | 10번~13번 문제- A.0 B.1 C.2		
총점:		

자가 정서 테스트 결과

17~26점: 정서가 매우 안정된 상태다. 큰 좌절을 겪더라도 감정의 기복이 크지 않다. 의지가 매우 강한 편으로, 냉정하고 이성적으로 생각하며 어떤 문제에 직면하면 우선 현실을 직시하고 회피하지 않는다. 또한 강한 행동력을 가지고 있어 어떤 일이 자신을 난처하게 하면 되는 대로 처리하는 것이 아니라 그 자리에서 거절한다.

13~16점: 정서가 대체로 안정된 상태다. 이는 곧 정서 통제 능력이 대체로 합격점에 든다는 의미다. 어떤 자극을 받았을 때 다

소 기복이 있기는 하지만 통제를 잃을 정도는 아니다. 스스로 통제가 가능하다. 대체로 일반적인 문제에 대해서는 침착하게 대응할 수 있다. 약간의 좌절감을 느끼지만 큰 실수를 저지를 만큼은 아니다. 하지만 돌발 상황이나 큰 문제에 대해서는 자아 통제 능력이 약한 편이다.

0~12점: 정서 통제가 어려운 편이다. 대체로 정서가 안정되어 있지 않고 잘 거절하지 못하는 사람이 여기에 속한다. 항상 걱정과 고민에 쌓여 벗어나지 못한다. 끊임없이 새로운 잘못으로 예전의 잘못을 덮으며, 일상생활이나 사회생활에서 다른 사람들의 부탁을 냉정하게 거절하지 못한다. 다른 사람에게 'No'라고 말하는 것이 매우 어렵다. 환경과 타인의 영향을 많이 받고, 타인에게 이용당하며 쉽게 설득당한다. 그러면서 뒤돌아 몹시 후회한다. 이러한 상황이 자주 일어나면서 화를 잘 내거나 초조, 불안, 불면 등의 합병증이 발생한다.

No

남 때문에 내 기분을 망칠 필요 없다

● 피터는 작년 12월쯤 아내와 자주 다투었다. 크리스마스 전날 밤, 두 사람은 또 싸우게 되었다. 당시 아내의 요구가 지나쳤지만 그는 거절하지 못했다. 그런 뒤 피터는 늦은 밤 집을 나서 술에 흠뻑 취한 채 한 슈퍼의 문을 부숴 경찰에 붙잡혀 갔다.

올해 3월에는 회사의 부당한 대우 때문에 상사와 마찰을 겪은 뒤 집에 돌아와 아이들을 때리고 말았다. 아동보호기관이 출동해 그는 양육권까지 빼앗길 위기에 처했다.

"아내와 다투고 나면 저는 항상 자책을 하게 돼요. 자꾸 심한 죄책감이 들고, 제가 너무 무능해서 사태를 이 지경까지 끌고 온

것 같아요."

피터는 괴로워했다. 이렇게 '타인의 잘못 때문에 자신을 벌하는 방식'은 사람들이 가장 자주 범하는 실수 중 하나다.

다른 사람이 잘못한 일을 자신이 해결할 수도 없고, 상대방에게 잘못을 지적할 용기도 없다. 그저 마음에 담아두고 자신의 기분을 상하게 한다. 그러다 감정이 쌓이고 쌓이면 엉뚱한 데서 폭발하는 것이다. 이런 문제를 해결하기 위한 첫 번째 원칙은 타인의 악의적 감정이 내 선택을 방해하거나 주도하지 못하도록 하는 것이다.

우리가 완전히 초탈하여 그들을 본체만체할 수는 없더라도, 일상생활에 지장이 없도록 지나치게 마음에 두지 않을 수는 있다. 피터처럼 '정말 그 사람 때문에 못살겠어. 두고 보라지. 본때를 보여주겠어!'라고 나쁜 생각을 하는 것은 다른 사람을 공격하기보다는 자신을 몹시 원망하는 것이다. 그 자리에서는 말을 삼키고 돌아서서 미친 듯이 소리를 지르기 때문이다.

"좌절을 겪었을 때 왜 그렇게 화가 났죠?"

내 질문에 피터는 우울하게 대답했다.

"상사가 자꾸 뒤에서 험담을 하기 때문일 수도 있고, 아내가 이웃 사람들 앞에서 창피를 줬기 때문일 수도 있죠. 하지만 그 자리에서 화를 낼 수는 없잖아요."

"어느 누구도 타인에게 그렇게 화를 낼 수는 없어요. 상대방이 당신을 화나게 하는 목적은 분명 당신을 화나게 해서 정서적으로 통제할 수 없도록 하기 위해서이죠. 아내분도 어쩌면 당신의 다른 행동에 불만이 있었을지 몰라요. 다른 데다 화풀이하지 말고 아내와 잘 이야기 나눠보세요. 그렇지 않으면 완전히 그들의 계획에 넘어갈지도 몰라요. 아무런 이익도 없고, 오히려 당신의 삶을 망가뜨리고 말 거예요."

사람들은 쉽게 화를 내는데 이는 분명 좋은 습관이 아니다. 다른 사람에게 감정적이라는 인상을 남겨 정서에 문제가 있다는 오해를 살 수도 있다. 그러면 사람들은 당신과 소통하기를 꺼려하며, 그럴수록 당신에게는 좋은 기회가 오지 않을 것이다. 당연히 일상생활과 일에도 영향을 준다.

이렇게 서로 대립되는 정서가 마음에 자리 잡으면 이성적 사고방식을 어지럽혀 다른 중요한 일에 써야 할 힘을 빼앗아버린다. 결국 알게 모르게 스스로도 자신을 싫어하게 된다.

피터는 마음속의 악마를 내쫓기가 어려웠다. 본능과 습관이 이미 굳어져버린 그는 이렇게 생각했다.

'나에게 이렇게 피해를 주는데 내가 왜 용서해야 해? 내가 어떤

식으로든 화를 안 내면 아내가 나를 우습게 보겠지?'

이런 생각 때문에 피터의 사회생활과 일상생활에는 언제나 원한과 증오가 동반되었다. 그는 매일 분노와 원망을 안고 출퇴근하면서 상사와 아내를 만났다. 심지어 아이들에게도 불같이 화를 냈다.

계속 이렇게 가다가는 일은 물론 일상까지도 엉망이 되어 끝없이 문제가 발생할 것이다. 상사에게 주는 이미지는 나빠지고 동료와는 계속 멀어질 것이다. 아내는 매일 그를 오해하고, 아이들은 그를 두려워하게 될 것이다.

결국 죄책감이 스스로에게 상처를 주어 그의 삶을 송두리째 흔들게 될 것이다.

가장 중요한 건 지금 이 순간이다

우리는 모두 현재를 살아간다. 과거로 돌아갈 수 있는 사람은 없다. 마음을 가다듬고 잘 생각해보자.

'내가 원하는 것은 도대체 무엇인가?'

지금 이 순간만이 중요하다. 과거는 과거일 뿐이다. 과거는 내버려두고 미래를 내다보는 자세가 필요하다.

과거의 나쁜 기억에 끌려다니지 마라

실패는 이미 발생했고, 분노 역시 과거형이다. 지나간 일에 원한이나 죄책감을 갖는다고 한들 아무런 도움이 되지 않는다.

실패 상황에 직면했을 때 초조, 걱정, 편협함, 고통과 끝없는 고민 등 나쁜 정서에 뒤엉켜 있다면 어떤 긍정적인 답도 찾을 수 없을 것이다. 계속 그 안에 머무르며 영원히 발을 빼지 않고 과거를 들먹이면서 현재와 미래를 벌하기만 한다면 기분은 점점 더 엉망이 될 것이다.

좌절의 잿더미에서 벗어나려면 과거의 부담을 짊어지고 갈 것이 아니라 내일의 희망을 찾아야 한다. 좌절감을 짊어지고 내일을 향해 걸어간다면 치열한 경쟁 속에 적응하지 못하고 그 커다란 산에 눌려 다시는 기어오를 수 없다. 피터의 분노처럼 자신을 학대하는 행위일 뿐 삶에 아무런 도움도 되지 않는다.

미래를 위해 용기를 내자

과거의 두꺼운 책은 덮고 나 자신에게 말해보자.

"나를 기분 나쁘게 했던 일들이 이미 내 삶에 영향을 미쳤어. 내 마음을 더 괴롭힐 생각이야? 앞으로의 일들을 잘해낼 용기가 없는 것은 아니지?"

나의 소중한 힘을 어두운 과거에 대한 죄책감과 후회에 낭비하고만 있을 것이 아니라 오늘과 내일을 위해 조심스럽게 사용해야 한다. 어제의 잘못으로 오늘과 내일까지 잃지 않도록 과거의 나와 화해해야 한다.

No

부정적인 경험을 되새기지 마라

“사장이 자꾸 제 공을 가로채요. 무슨 일이든 성과가 나오면 그의 공으로 삼죠. 이런 일이 한두 번이 아니에요. 게다가 더욱 화가 나는 건 동료들까지 사장 편에 서서 저를 위해 한마디도 거들어주지 않는다는 거예요. 이제 이런 일이 일상화되었어요.”

“이 사회가 마음에 안 들어요. 거의 매일 참을 수 없는 일들이 일어나요. 사회적인 위법 행위에 화가 치밀고 무척 불안해요.”

“그자를 절대 용서하고 싶지 않아요. 다음에 또 그럴까 봐 겁이 나요. 그는 항상 그랬죠. 과거의 경험이 그가 또 그러고도 남을 사람이라는 걸 증명해주죠. 정말 어떻게 해야 할지 모르겠어요!"

"저는 언제나 노력에 대해 아무런 보상도 받지 못하죠. 하지만 남들은 잘도 받더군요. 이 문제 때문에 저는 항상 불만이 가득해요. 그러다 보니 자꾸 동료와 다투게 되고 가족들에게도 화만 내요. 하지만 이 문제를 해결할 방법을 찾으려고 할 때마다 매번 걸림돌에 부딪혀요. 도저히 갈피를 못 잡겠어요."

"사람들은 제가 너그럽지 못하다고 생각해요. 제가 친구가 없는 이유죠. 제 삶에는 소통도 없고 속마음을 다 털어놓는 일도 없어요. 아무도 제게 방법을 이야기해주지 않아요. 사실 저도 제 인생이 감옥같이 느껴져요. 더 두려운 것은 이 감옥에서조차 독방 신세라는 거죠."

"일하면서 항상 불공정한 대우를 받아요. 사장이나 고객, 동료 모두 좋은 사람들이 아니죠. 삶의 낙이 없어요. 항상 손해 보는 건 저뿐이에요. 지나친 부탁을 거절하지도 못하겠어요. 제가 해결해야 할 일들만 점점 쌓여가니 정말 화가 나 죽겠어요. 그들은 분명 반성해야 해요. 이건 제 책임이 아니라고요!"

이렇듯 우리 마음속에는 상당히 많은 부정적 정서가 숨어 있다. 하지만 그 근원을 자세히 파헤쳐보면 내가 화가 나고 불만이 많은 것이 객관적인 사건 때문이 아니라는 사실을 발견할 것이다. 그저 스스로 나에게 불리한 사건을 가정한 것에 불과하다. 나에게 불공평한 상황을 상상한 것뿐이다. 이런 상황에서 사람들은 외부 세계에 대해 상당히 경계심을 가지고 많은 부정적인 경험을 한다.

예컨대 어떤 사람이 자신을 등지고 상사에게 보고하는 모습을 보면 '혹시 내 이야기 하는 거 아니야?'라며 의심을 한다. 또 대화 중인 동료들 사이를 지나쳤을 때 그 순간 갑자기 침묵이 흐르면 자신의 뒷담화를 한 거라고 오해한다. 누군가 엘리베이터에서 인사를 하지 않았다고 자신을 미워하고 다른 의도가 있었다고 생각하기도 한다. 상대방의 말투가 평소와 달라지면 전전긍긍하며 이러지도 저러지도 못한다.

왕 씨는 자신이 마치 성인이라도 된 것처럼 행동하며 다른 사람들은 소인배 취급을 했다. 이는 그녀의 생활을 혼란에 빠뜨렸다. 그녀는 말로 다 표현할 수 없을 만큼 고통스러웠다.

"저는 어떤 일이 순조롭게 진행되지 않으면 그 책임을 환경이나 주변 사람들에게 돌리죠. 그리고 나 자신을 합리화할 수 있는 이유를 찾아요. '그건 모두 그 사람 탓이야. 그 때문에 목표를 제대로 이루지 못했어. 난 억울해', 이렇게요."

그녀는 스스로 심각한 우울증을 겪고 있다고 느꼈다. 사건을 대하는 태도가 항상 비관적이고 부정적이기 때문이다.

그녀에게는 의지할 만한 긍정적인 것이 아무것도 없었다. 그리고 일을 할 동력도 바닥났다. 항상 갑자기 마음이 돌변했고 시시때때로 자신과 타인을 기만했다.

물론 그녀는 과감하고 용기 있는 사람이 아니었다. 작은 좌절에도 의기소침해져서 집에 틀어박혀 전화도 받지 않고 회사에도 나가지 않았다. 친구들이 기운을 내라고 말해도 그녀는 "나는 원래 이래. 네가 무슨 상관이야!"라며 도움을 거부했다.

삶에 대한 왕 씨의 태도는 비관적이고 공허했다. 인간관계에 대해서도 부정적이었다. 물론 더 중요한 것은 그녀가 자신 이외의 모든 사람들에게 회의적이며 많은 부정적 경험을 쌓았다는 사실이다. 이는 무엇을 하든 자신이 져야 할 책임과 대가를 고려하지 않고 오로지 타인에게만 초점을 둔다는 의미였다.

부정적인 경험이 많이 쌓이면 해야 할 일이든 그렇지 않은 일이든 아무런 흥미를 느끼지 못한다. 삶에서 어떤 동력도 찾지 못하는데 원대한 목표를 이루기란 불가능하다. 그리고 언제나 불면증에 시달리거나 항상 게으르게 늦잠을 잘 것이다. 상담을 하면서 이런 사람들이 일을 하지 않아도 쉽게 피곤을 느낀다는 사실을 발견했다. 그들은 방금 잠자리에서 일어나도 곧 다시 졸려 한다. 그래서 밥을 먹고는 다시 눕는다.

그 결과는 상상 이상으로 심각하다. 이러한 상태로 일을 하면 일단 주의력 부족 현상이 나타난다. 업무 효율도 떨어지기 마련이다. 그리고 자신의 일이 아무런 가치도, 의미도 없다고 느낀다. 그러므로 부정적인 경험이 우리의 삶과 일에 가져오는 부정적인 영향을 경계해야 한다.

부정적인 정서를 조절하여 긍정적인 태도로 주변 사람과 일을 대해야 한다. 그렇게만 된다면 삶 속에서 빛나는 아름다움을 발견할 수 있을 것이다.

No

부정적 생각은 부정적 결과를 가져올 뿐

● 비관주의자들은 습관적으로 모든 긍정적인 현상을 악몽의 시작이라고 생각한다. 일이 순조롭게 진행되어도 항상 이런 식으로 생각한다.

'어떤 함정이 나를 기다리고 있겠지? 함정에 빠져 해결 방법을 찾을 수 없을 거야.'

아무리 합리적인 이유를 대도 그들은 비관적인 요소를 발견해내고, 부정적인 생각을 확장해 새로운 함정을 만든다.

비관주의자는 불행하다. 그들은 미래에 대해 부정적으로 생각한다. 그 결과 언제나 현실에 안주하고 만다. 그리고 어떻게 해야 부정적인 정서의 공격을 물리칠 수 있는지 알지 못한다.

샤 씨는 괜한 걱정에 빠져 있었다. 그녀가 말했다.

"교외에 슈퍼를 하나 연 지 6개월 정도 되었어요. 장사는 그럭저럭 잘되는 편이에요. 그런데 문을 닫고 싶어요. 장사가 잘돼서 남편보다 돈을 더 많이 벌면 어떻게 해요? 제 남편은 통신회사에 다니는 평범한 회사원이에요. 월급은 얼마 되지 않죠. 단시간 내에 그가 부자가 될 일은 없어요."

누가 더 많이 벌든 가계 소득이 증가하면 좋은 일인데 왜 걱정을 하는지 의아했다. 샤 씨는 걱정스러운 듯 말을 이었다.

"제가 돈을 더 많이 벌면 남편은 위기감을 느낄 거예요. 그러면 우리의 결혼생활에 문제가 생길 거예요. 드라마에서 봤던 일들이 생길 것만 같아요. 그때 가서 남편이 절 사랑하지 않으면 어쩌죠? 이런 생각이 들면 잠이 안 와요. 머릿속에 자꾸만 무서운 결과가 떠오르거든요."

샤 씨는 점차 사업에 흥미를 잃었고, 가게 운영에 더 이상 신경 쓰지 않게 되었다. 그녀는 저녁 손님이 한창 많을 시간에 갑자기 문을 닫고 집에 가거나 상품을 미리 주문하는 것도 깜빡했다. 그 결과 보름 만에 매출이 급감했다. 그녀는 고의로 파산을 재촉하면서 '남편이 더 이상 자신을 사랑하지 않을 가상의 결과'를 피하기 위해 안간힘을 썼다.

그녀와 3주 동안 총 여덟 번에 걸쳐 상담을 했다. 반복해서 설득한 끝에 마침내 그녀는 가정일과 사업을 구분하기로 결심했다. 나는 그녀에게 이렇게 일러주었다.

"결혼생활이 망가질지 모른다는 두려움이 자신의 사업 성패를 주도하는 핵심이 될 수는 없어요. 이런 비관주의적 논리에 따르면 언젠가 정말로 남편을 잃게 될 거예요."

다행히 그녀는 이 사실을 깨닫고 다시 사업에 힘을 쏟았고, 슈퍼는 다시 정상적으로 운영되었다. 물론 그녀에 대한 남편의 사랑도 여전했다.

'처음에는 일이 술술 풀리는 듯 보이지만 결국 실패할 거야'라며 괜한 근심에 빠져드는 사람들이 있다. 그들은 비관적인 현실이 자신을 절대 놔주지 않을 거라고 생각한다. 이 때문에 어떤 행동을 취하기보다는 그 자리에서 꼼짝하지 않는다. 나쁜 유혹은 거절하지 못하면서 하느님이 주신 선물은 용감하게 거절한다. 이런 이상한 심리 때문에 많은 사람들이 실패에 빠진다.

삶의 중대한 변화를 앞두고서도 이상한 심리가 발동한다. 미리 계획도 세워두고 자신감도 있다 해도 멈칫하며 선불리 나서지 못하는 것이다. 계획이 실패로 끝날 것을 두려워하기 때문이다.

기대에 못 미치는 결과를 받아들일 수 없다는 부정적인 정서로 인해 앞으로 전혀 나아가지 못하고 좌절에 부딪히고 만다. 부정적인 정서가 나의 생각을 주도하지 못하도록 해야만 마음을 편안하게 가질 수 있고 균형 잡힌 생활을 유지할 수 있다.

No

정서적 안정을 위해
건강 일지를 작성하라

● 정서적 안정을 위해서는 정서의 변화를 확인할 수 있는 긍정적인 시스템을 구축하고, 부정적인 정서는 모두 '감옥'에 가두어둘 필요가 있다. 이를 위해 매일같이 자신의 정서를 추적하는 것이 무엇보다 중요하다. 방법은 매우 간단하다.

첫째, 현재의 정서 상태를 바로 기록한다.

둘째, 어떤 사건 뒤의 감정과 이해를 기록한다.

셋째, 건강 일지를 작성한다.

이 세 가지를 매일 기록하고 신체의 즉각적 반응, 즉 심박, 수면, 체중, 기분 등의 데이터를 하나도 빠짐없이 기록하여 일주일에 한 번 취합해보자. 이런 기록을 1개월 이상 지속하면 정서 데이터를 수집하면서 나 자신에 대해 더 많은 것을 알게 된다. 또 과거부터 줄곧 있었지만 인지하지 못했던 문제를 분명히 파악하게 되며, 그 원인까지도 알 수 있다. 이를 통해 생각의 각도를 조정하고, 본질적인 해결 방법을 찾을 수 있다.

무미건조해 보이기는 하지만 이런 기록을 2개월 이상 지속하면 신기한 효과를 볼 수 있다. 기록이 쌓일수록 정서 관리의 장점을 느낄 수 있다. 또한 자아 통제력을 향상시키는 방법을 쉽게 발견할 수 있다. 이 과정에서 다른 사람을 잘 이해할 수 있게 되어 그 전처럼 쉽게 분노하거나 수줍어하며 머뭇거리지 않게 될 것이다.

그렇다면 이 기록은 얼마나 지속해야 할까? 평생 습관이 될 때까지 계속 해야 한다.

주의할 점은, 여러 기분을 추적하여 일지로 기록할 때 기분을 모으는 것이 아니라 데이터를 목적에 맞게 수집해야 한다. 동시에 부정적인 정서는 감옥에 가둔다. 이것이 핵심 목적이다.

최대한 많은 문제를 찾고 나서 해결 방법을 생각해야 한다. 이렇게 하면 정서가 통제를 상실하기 15초 전에 민감하게 알아채고 현명하게 행동할 수 있게 된다.

| 정서적 안정을 위한 건강 일지 |

체크 사항	질문 목록
수면	• 잠은 잘 잤나? • 잠든 시간과 일어난 시간은 언제인가? • 자주 잠을 잘 이루지 못하는가? 그럴 때에는 어떻게 대응하는가?
식사	• 밥은 잘 먹는가? • 아침을 먹었는가? • 삼시 세끼의 식사량 변화는 어떠한가?
날씨	• 날씨에 얼마나 민감한가? 날씨가 좋지 않을 때의 기분을 기록한다. • 날씨가 좋지 않을 때 다시 기분을 회복하는 방법은 무엇인가?
일	• 업무 스트레스가 큰가? • 쉬는 날이 있는가? 매일의 출퇴근 시간은 언제인가? • 업무 강도는 어떠한가? • 근무할 때의 마음은 어떠한가? • 근무할 때 파트너가 있는가? 상대방이 당신을 화나게 하거나 스트레스를 받게 하는가? 그 대응책과 효과를 기록한다.
정서 변화	• 기분이 쉽게 바뀌는가? • 언제 화가 났는가? • 화가 난 이유는 무엇인가? 화가 난 횟수(매주)와 정서 변화가 일어나는 시간을 기록한다.
정서 지수	• 언제 행복감을 느끼는가? 행복감을 느끼는 시간은 얼마나 오래가는가? • 자주 슬퍼하는가? • 언제 차분해지는가? 자주 그러한가? • 오늘의 자신이 마음에 드는가?
건강	• 신체 지수는 어떠한가? 말랐는가, 뚱뚱한가? • 체중이 또 늘었는가? • 살이 쪘다면 그 원인은 무엇이라고 생각하는가?

4장

적극적인 표현으로 소통왕이 돼라

다른 사람과의 소통은 언제나 어렵다.

설득이나 거절 모두 쉬운 일이 아니다.

그런데 말하지 않으면 아무도 모른다.

결정적인 순간에 절대 수줍어하거나 침묵해서는 안 된다.

적극적이고 자발적으로 소통하는 자세를 가져야 한다.

No

수줍어 말고 적극적으로 소통하라

● 내가 부끄러워할수록 상대방은 뻔뻔해지는 것이 현실이다. 수줍음은 내성적인 사람의 본능적인 반응이다. 반면 뻔뻔한 것은 분명한 인생의 방향이자 생존 개념이며 경쟁 도구다. 내성적인 사람이 본능적으로 부끄러워한다면 경쟁력은 당연히 약해진다. 잔혹한 생존 환경에서 결점을 여실히 드러내고 만다.

내성적인 성격은 다음과 같은 단점이 있다.

내성적인 성격 때문에 잘 표현하지 못한다

내성적인 사람은 생각을 표현하는 것을 부끄러워하며 말 안 해도 상대방이 알아주기만을 기다린다. 하지만 바쁜 현대사회에서 넓은 인내심과 도량으로 남의 생각을 짐작하려고 할 만큼 여유로운 사람은 많지 않다.

내성적인 성격 때문에 기회를 잃는다

외향적인 사람은 표현도 잘하고 도전적이다. 외향적인 사람들 사이에서 부끄러움을 타는 내성적인 사람이 관심을 받기란 쉽지 않은 일이다. 아무리 그들보다 몇 백 배 뛰어난 능력을 지녔어도 그 능력을 알아봐주는 사람은 거의 없다. 술 향기가 좋으면 골목 깊숙이 있어도 찾아간다지만 그래도 더 적극적으로 내뿜어야 더 많은 사람들이 그 향을 맡을 수 있다.

내성적인 성격 때문에 거절하지 못한다

내성적인 사람은 보통 화가 나도 아무 말도 하지 못하고, 하고 싶은 말이 있어도 좀처럼 입을 쉽게 열지 않는다. 고민하고 망설이다가 결국 거절할 기회를 놓치고 의욕과 야망이 넘치는 사람들에게 이익을 빼앗기고 만다. 용기를 내 거절을 할 때에는 이미 기회가 떠나고 없다.

내성적인 성격 때문에 친구를 잃는다

수줍음이 많은 사람은 종종 착해 보이거나 좋은 성품을 가진 것처럼 보이기도 한다. 그런데 문제는 좋은 성품을 알아보는 사람이 얼마나 되느냐는 것이다. 내성적인 사람은 분명 교류와 소통에 능숙하지 못하다. 이런 사람과 이야기를 나누고 싶어 하는 사람은 많지 않다. 친구가 되기란 더더욱 어렵다.

수줍어하는 사람은 결국 '고용형 인재'밖에 될 수 없다. 똑똑하고 실력이 뛰어나면 누구나 좋은 직장을 구하고, 능력을 인정받으며 잘나갈 것이라고 많은 사람들이 착각한다. 그들은 실력이 우선이지 조금 수줍어하거나 조금 내성적인 것은 아무 상관없다고 믿는다. 하지만 우리가 목격하는 것은 정반대다. 자신의 지적 수준 향상에만 집중하고 외향적으로 표현하는 능력이 부족한 사람은 고용형 인재에 그쳐 업무상 빼어난 성과를 기대할 수 없다.

고용형 인재란 무엇인가? 간단히 말하면 고용되어 지배받는 인재다. 그들은 마치 나사못처럼 작업 라인의 일부로 쓰일 뿐이다. 그들은 거절할 능력이 없다. 이러한 사람들은 독립적인 사고 능력이 부족해 한층 더 발전할 기회를 거머쥐기 힘들다.

나의 표현 능력은 과연 몇 점일지 한번 생각해보자. 만약 다른 사람의 도움을 받고 싶고, 실제 업무에서 자신의 이익을 지키며 미래를 선택할 권리를 갖고 싶다면 수줍어하는 성격을 반드시 고쳐야만 한다.

수줍음이 때로는 귀여워 보일 수도 있다. 하지만 일을 할 때에는 당신의 가치를 떨어뜨린다. 항상 수줍어하는 사람은 업무상의 멘토나 인생의 스승을 만나도 그들 눈에 들지 못한다.

능동적으로 표현하는 법을 배우는 첫걸음, 거절하는 능력을 가질 수 있는 기초는 자기 안에 있는 수줍음을 들여다보는 데서 시작된다. 이를 바로잡아가며, 적극적이고 자발적으로 소통하는 법을 먼저 배워야 한다.

No

소통왕이 되려면 일단 말을 잘해야 한다

● 소통 능력은 곧 말하기 능력이다. 자신은 내성적인 사람이라며 말을 잘 하지 않거나 감히 말을 꺼내지 못할 수도 있다. 그런데 수줍음을 버리지 못하면 소통 능력은 점차 떨어지게 된다. 수줍음 자체가 나쁜 것이 아니라 수줍음으로 인해 연쇄 반응이 일어나는 것이 무서운 것이다.

소통은 문제를 해결하고 일을 성공에 이르게 하는 가장 기본적인 요소다. 소통을 잘하는 것은 인생 관리를 잘하는 것이나 다름없다. 동시에 지식과 기술을 사회생활에서 더 잘 발휘하도록 하고, 여러 분야에서 성공을 거둘 수 있도록 해준다. 소통 능력이나 말하기 능력은 인생에서 매우 중요하다.

사실 많은 사람들이 소통에 어려움을 느낀다. 거절하고 싶지만 거절할 능력이 안 되고, 소통하고 싶지만 뜻대로 되지 않는 것이다. 이런 경우 스스로도 답답할 뿐 아니라 상대방까지도 곤란하게 만든다. 이렇게 시간이 흐르다 보면 소통 장애로 인해 더 많은 갈등이 유발되고 결국 어떤 일도 뜻대로 이루지 못하게 된다. 이러한 상황에 이르는 원인은 대부분 다음의 두 가지에 있다.

지나치게 주관적으로 생각한다

똑같은 정보를 전달해도 상대에 따라 돌아오는 반응이 전혀 다르다. 왜 그럴까? 바로 정보를 전달하고 전달받는 과정에서 주관적인 요소의 영향을 받기 때문이다.

말하는 사람의 지위, 연령, 환경, 교육 수준, 상대방과의 친밀도 등 다양한 요소의 영향으로 정보가 도착했을 때에는 여러 여과를 거쳐 처음과 다르게 왜곡되기도 한다. 또 정보를 받는 사람은 자신의 상황에 따라 이해하고 판단한다. 너무 주관적으로 생각하면 소통 장애로 인해 시간, 재원, 물자 등의 비용 낭비와 손실로 이어지게 된다.

문제의 본질을 보지 못한다

대부분의 문제들은 보이는 게 다가 아니다. 실제로는 더 깊은 차원의 의도가 숨어 있다. 소통 과정 역시 그렇다. 문제의 표면만 보는 데 그친다면 그 핵심을 파악하지 못하게 된다. 문제의 본질에 접근해 실제 상황을 깊이 이해해야만 시행착오를 피할 수 있다.

예컨대 당신이 관리자인데 부하직원 중 하나가 최근 들어 근무 태도도 소극적이고 하는 일마다 실수를 저지른다고 하자. 표면적으로만 본다면 불성실하고 업무 태만을 일삼는 이 부하는 문제 직원이다.

이때 당신이 그의 생활을 다각도로 이해한다면 이 직원에게 최근 어떤 문제가 생겼는지 발견할 수 있을 것이다. 만약 그가 안고 있는 문제를 해결할 수 있도록 도움을 준다면 당신은 존경을 받는 동시에 적극적으로 일하는 직원을 얻게 될 것이다.

어떤 일을 거절할 때에도 반드시 소통을 통해 문제의 본질을 파악하고 난 뒤 말을 꺼내야 한다. 이렇게 하면 최대한 객관성을 유지하며 주관적인 요소와 실수를 배제할 수 있다.

어떻게 하면 자발적이고 능동적으로 표현할 수 있을까? 많은 사람들이 표현하는 데 어려움을 겪는 것은 언어 능력 때문이다.

마음속으로는 분명히 어떻게 된 일인지 잘 알고 있다. 그런데 생각이 말로 바뀌는 순간 무엇을 어떻게 표현해야 할지 난감해진다. 그러면 부정이든 긍정이든, 그 말은 아무런 힘을 갖지 못하게 되고 상대방도 나를 믿고 따를 수 없다. 이러한 과정에서 두 가지 혼란이 발생한다.

- 겉과 속이 다르다. 마음속으로 생각한 것을 말로 표현하면 전혀 다른 뜻이 된다.
- 나조차 내가 무엇을 말하는지 모른다. 그러니 듣는 사람은 더더욱 알 리 없다.

이 두 가지 혼란은 주로 정보를 전달하는 사람에게서 나타난다. 장황하게 설명하며 상대방이 전부 이해하기를 바란다. 하지만 상대방은 무슨 말인지 전혀 이해하지 못한다. 때로는 흩어진 퍼즐 조각 같은 정보를 정리하지 않고 그대로 전달하기에 여념이 없다. 그러면 상대방은 맞추지 않은 퍼즐의 정보를 제대로 이해할 수 없다.

No

말하지 않으면 아무도 모른다

● 소통하는 과정에서 말을 잘 하지 않으면 시간이 흐를수록 더더욱 대화하기가 힘들어진다. 처음에는 말을 못 하고 시간이 흐르면 거절할 용기를 잃고 만다.

어느 날 워싱턴대학교의 학생 수백 명이 워런 버핏과 빌 게이츠의 강연을 듣는 행운을 얻었다. 한 학생이 물었다.

"어떻게 하느님보다도 더 부자가 될 수 있었죠?"

이에 대해 워런 버핏은 이렇게 대답했다.

"아주 간단합니다. 답은 IQ에 있지 않고 성격과 기질, 습관에 있습니다. 왜 똑똑한 사람이 자신의 능력을 최대한 발휘하지 못하는 경우가 생길까요? 그 이유가 바로 여기에 있습니다."

워런 버핏의 말에 빌 게이츠도 동의했다.

성격, 기질, 습관 중 머릿속으로 생각하고 있는 것을 적극적으로 표현할 수 있는지, 머뭇거리지 않고 표현하는 습관을 가졌는지가 가장 중요하다. 일에서나 일상생활에서나 모두 마찬가지다. 이는 성공하는 데 있어서 튼튼한 건축물의 철근 골조와 같다. 지식은 골조를 둘러싼 시멘트에 불과하다.

성공하고 싶다면 앞으로 무엇을 하고 싶은지 알아야 한다. 의미 있는 삶을 살고 싶다면 자신에게 중요한 사람이 누구인지 반드시 알아야 한다. 그러고 나서 연계된 공간을 구축하면 그 안에서 긍정적인 힘을 흡수할 수 있다. 또 힘 있는 사람이 되고 싶다면 겁내지 말고 적극적으로 표현해야 한다.

누군가에게 무엇을 좋아하는지, 무엇에 흥미가 있는지 물을 때 가장 듣고 싶지 않은 대답은 "몰라요"다. 그들은 자신의 생각을 말하기 겁낸다.

실제로 자신이 도대체 무엇을 하고 싶은지, 또는 무엇에 흥미를 느끼는지 도무지 모르겠다고 하소연하는 사람도 많다. 그들이 아무 말 하지 않고 시간을 흘려보낼수록 자신이 무엇을 하고 싶은지, 인생의 목표가 무엇인지 더더욱 알 수 없게 된다. 밖으로 표현을 하지 못하면 삶의 방향을 잃고 미래의 활로를 찾을 수 없게 된다.

취업준비생인 호아킨은 멍한 눈빛으로 이렇게 말했다.

"제 전공은 전망이 나쁘지 않고, 저는 스스로 우수한 졸업생에 속한다고 생각해요. 하지만 어떤 업종에서 어떤 일을 해야 할지 막막해요. 어디로 나아가야 할지, 어느 방향으로 발을 내딛어야 할지 모르겠어요."

그에게 계획이 무엇인지 묻자 한참 동안 말없이 있었다. 실제로 그는 생각하고 있는 것이 있었을 것이다. 단지 수줍음이나 열등감 같은 것 때문에 말할 용기가 없고, 나와 소통하고 교류할 자신감이 부족했던 것이다.

호아킨처럼 스스로 무엇에 흥미가 있는지 모르고, 말할 용기도 없다면 그의 마음에는 분명 두려움이 도사리고 있다는 뜻이다. 이러한 상태는 중심을 잃거나 외롭고 방향감각을 잃은 것과 같다. 자신의 마음조차 이해하지 못하고, 가장 기본적인 '내 생각을 표현하는 것'조차 하지 못한다면 다른 사람과 어떻게 협동하고 미래를 꾸려나가며 운명을 개척할 수 있겠는가? 절대 불가능하다.

생각을 정확히 표현하기는 힘들더라도 자신이 무엇에 관심이 있는지는 약간의 흥미라도 있다면 금방 알 수 있을 것이다. 자신이 무엇을 좋아하는지 알고, 좋아하는 것을 다른 사람에게 말하는 것은 매우 중요하다.

어떤 일은 누군가에게 알려야만 이해받을 수 있다. 우리가 자신을 향상시키려는 것 또한 타인에게 알리고 이해받기 위한 것 아니겠는가? 그러므로 용기를 내 말해야 한다. 반드시 적극적으로 변해야만 한다.

No

이해부터 먼저,
소통은 그다음 문제다

● 소통을 통해 자신의 생각을 표현하는 것은 가장 흔한 교류 방식이다. 소통은 가장 쉬운 표현 도구로, 특히 대면 소통은 편지나 이메일 등 다른 도구보다 훨씬 중요하다. 다른 사람의 말을 잘 듣고 이해하는 것은 가장 기본적인 소통 능력과 통찰력을 대변하며, 자신을 표현할 용기를 충분히 지녔는지를 결정한다.

레이는 전기회사의 영업부에서 근무했다. 남다른 능력을 지닌 그는 월별 판매 실적이 항상 상위권을 유지했다. 하지만 어쩐 일인지 승진에서는 번번이 미끄러져 레이 본인뿐만 아니라 동료들까지도 모두 의아하게 생각했다. 그와 교류해본 결과 문제점을 어렵지 않게 찾아냈다.

매달 초 부서장이 월별 계획을 세우도록 지시했을 때 레이는 시내 빌딩 몇 채의 리모델링 전기공사 등 수십 건의 계약을 따내겠다고 호언장담했다. 물론 그는 자신이 있었다. 영업 능력도 뛰어났고 표현력도 누구에게 뒤지지 않았기 때문이다. 하지만 이번에는 허풍이 좀 심했다. 그렇게 말하기 전에 실제 상황을 전혀 검토하지도 않았고, 동료들의 영업 실적도 파악하지 못했다. 결국 월말에 레이의 영업액은 여전히 선두를 차지했지만 그는 자신의 계획을 달성하지 못하게 된 것이었다. 부서장은 이를 못마땅하게 생각했다. 레이는 안 되면 말라는 식으로 상사의 기대만 높여놓고 계획을 완수하지 못했다.

레이의 태도는 그의 소통 능력이 얼마나 부족한지를 보여준다. 겉보기에 레이는 말주변도 좋고 당당하게 말하고 행동하는 것 같았다. 하지만 말하기 전 실제 상황을 전혀 검토하지 못하고, 상사가 어떤 사람인지도 파악하지 못하고 있었다. 때문에 심각한 결과를 떠안게 되었다. 상사는 더 이상 그를 신뢰하지 않았고 중요한 자리에 앉히려 하지 않았다.

소통은 학습 능력이나 분석 능력과 관계가 깊다. 뛰어난 분석력을 가지고 소통할 대상에 대해 미리 이해해야만 어떠한 위치에서도 안정적으로 자리매김하고 성공 가능성을 확보할 수 있다. 이러한 분석 능력은 어떤 때 발휘될까? 소통할 대상에 대한 반복적인 이해를 통해 자신의 언어를 가다듬게 되고, 이러한 정보는 인간관계에 도움을 준다. 즉, 성공적으로 표현하게 만들어 소통의 목표를 실현하도록 한다.

소통할 때 이러한 과정을 생략하는 사람은 인간관계에서 자주 문제가 발생한다. 한마디로 '말은 많지만 맥락이 없고 설득력이 부족한 사람'으로 전락하고 만다.

드래그는 이렇게 말했다.

"소통에는 반드시 이견이 동반되어야 합니다. 이것은 소통 기술과는 무관합니다. 아무리 소통 기술이 뛰어나도 의견이 불일치하는 상황을 만날 수밖에 없습니다. 그렇다면 우리는 어떻게 이견에 대응하고 최종적으로 합의에 이를 수 있을까요?"

아주 좋은 질문이다. 평소 다른 사람과의 다툼, 반박, 충돌에서 이길 때도 있을 것이다. 하지만 그것은 공허한 승리다. 상대방의 호감은 얻지 못했을 것이기 때문이다. 다시 말해 이견을 존중하지 않고 상대방의 위에 서려고만 하는 패권적인 승리는 아무런 의미가 없다.

그렇다면 건전하고 모두가 이익을 얻을 수 있는 소통을 하기 위해서는 어떻게 해야 할까? 반드시 상대방을 분석하고 시장을 분석하고 더 많은 사람을 분석할 줄 알아야 한다. 이 세계는 무수히 많은 사람들로 이루어져 있다. 인간의 본성을 이해하고 사람들의 심리적 약점을 파악하면 소통에서 승리할 열쇠를 쥐게 되어 마음의 문을 열 수 있다. 그러므로 대단한 경지에 이른 성공한 사람들은 상대방의 마음을 꿰뚫어볼 수 있고, 상대방이 마음 깊이 원하는 것을 이해할 수 있다.

그렇다면 소통하기 전 알아야 할 것은 무엇일까?

- 문제의 본질을 찾아야 한다. 우리는 때때로 표면적인 현상만을 보는데, 알고 보면 배후의 본질은 현상과 정반대일 때가 많다.
- 다른 사람들의 의견을 충분히 참고해야 한다. 당사자보다 제3자가 더 잘 알 때가 있으므로 반드시 다른 사람들의 입장을 들어봐야 한다.
- 진정 마음속으로 원하는 것을 발견해야 한다. 이것은 표면적인 목표와 달리 마음속 깊이 숨겨져 있는 장기적인 목표다.

이러한 것들은 쉽게 변하지 않는다. 일시적이고 약한 것이 아니다. 이것을 발견하는 사람은 상대방의 부드러운 도움의 손길을 얻게 될 것이다. 이렇게 이해를 통해 소통하고 서로 상생을 실현하는 것이 소통의 마지막 한 걸음이 된다. 합리적인 소통을 위해서는 다음과 같은 요령이 필요하다.

- 어느 부분에 이견이 있는지 찾아낸다. 그 이견을 공개적으로 털어놓고 상대방의 무리한 요구를 당당하게 거부한다.
- 이견의 원인을 찾아내는 동시에 공통점을 찾아 공감대를 형성한다.
- 건설적인 의견을 낸다. 예컨대 상대방과 왜 이견이 있는지 냉정하게 생각하고 사실대로 나의 다른 의견을 설명한다.
- 내가 왜 이런 태도를 고수하는지, 그의 요구를 왜 거부하는지 상대방의 입장에서 설명한다. 이때 반드시 논리적으로 설명하며 상대방이 충분한 시간을 갖고 이해하게끔 한다.
- 합의에 이르러 상대방의 이익을 먼저 만족시켜주고 자신에게 필요한 것을 만족시킨다. 쌍방이 통일된 입장으로 작은 것을 버리고 큰 것을 취하도록 적극적으로 소통해 이견을 없앤다.

No 침묵은 소통의 최대 적이다

● 원활한 소통을 위해서는 침묵하지 않는 것이 중요하다. 처음부터 끝까지 다 잘했어도 상대방의 침묵에 맞닥뜨린다면 문제는 심각해진다. 만약 상대방이 침묵한다고 해도 책망만 할 것이 아니라 서둘러 손을 써서 최대한 자신의 아량과 관용, 침착함을 보여줘야 한다.

대화 중에 침묵은 때때로 '관찰 수단'으로 사용될 수 있다. 어떤 사람은 일부러 이러한 방식을 통해 상대방이 충분한 교양을 갖추었는지 관찰한다. 이때 당신이 가만히 앉아 있지 못한다면 그것은 '자기 폭로'나 다름없다.

그렇다면 침묵은 무엇을 의미할까?

당신의 말에 관심이 없다

내 말에 관심도 없고 아무 말도 하고 싶어 하지 않는 것 같다면 곧바로 상대방이 좋아할 만한 이야기로 화제를 전환해야 한다.

당신의 거절을 예상 못 했다

때로는 상대방이 당신의 이야기에 관심은 있지만 스스로 준비가 되어 있지 않아서 어떻게 대응해야 할지 난감해할 수도 있다. 아니면 당신이 그의 조건, 부탁 또는 관점에 무조건 수긍할 것이라고 생각했는데 곧바로 거절을 해서 당황할 수도 있다. 이런 이유들 때문에 그는 어쩔 줄 몰라 하다가 당신의 말에 침묵으로 대응했을 것이다.

이런 때에는 어떻게 해야 할까? 유도하는 방식으로 영감을 이끌어내 그의 생각을 자극할 수 있다. 그러면 한동안 있었던 침묵은 자연히 사라지고 활발한 대화를 통해 충분히 그를 설득할 수 있게 된다.

물론 이 과정에서 절대로 부끄러워해서는 안 된다. 그렇지 않으면 오히려 상대방에게 설득당할 것이다.

당신에 대해 편견을 가지고 있다

당신이 무슨 말을 하든 상대방이 아랑곳하지 않고 침묵을 지킨다면 상황은 매우 심각하다. 이럴 때에는 상대방이 왜 방어적인 자세를 취하는지, 나의 어떤 행동이 그에게 좋지 않은 인상을 남겼는지 먼저 곰곰이 생각해보아야 한다. 그런 다음 편안한 대화 분위기를 만들어 상대방이 솔직하게 당신과 의견을 나누게끔 격려해야 한다.

동시에 상대방의 의견을 반박하고 부정하는 데 급급해하지 말고 그가 말을 다 마칠 때까지 기다린 뒤에 내 의견을 말해야 한다. 완전히 돌아선 것만 아니라면 이러한 방식으로 상대방의 의혹을 차츰 해소시킬 수 있다. 그러면 다시 그와의 대화를 이끌어가며 당신은 원하는 것을 얻을 수 있을 것이다.

지나치게 신중한 자세를 보인다

상대방이 지나치게 겸손하고 신중한 자세를 보일 경우 해결 방법은 간단하다. 흥미로운 화제로 상대방의 표현 욕구를 자극하여 자연스럽게 대화에 끌어들이기만 하면 된다. 이 과정에서 자신의 진짜 생각을 내보이면서 상대방이 내 의도를 오해하지 않도록 노력해야 한다.

그렇다면 대화 중 갑자기 흐르는 침묵은 어떻게 깰 수 있을까? 이럴 때에는 서로의 관계에 대해 돌아보는 시간이 필요하다. 이 과정은 지나간 시간에 대한 결론이자 앞으로 서로의 관계 정립에 도움이 된다.

서로 잘 알지 못할 때

대부분 난처한 상황은 서로가 잘 알지 못하는 데서 기인한다. 처음 만난 친구, 동료, 고객 사이에서는 일시적인 침묵이 생길 수 있다. 잘 모르는 사람과 무슨 이야기를 해야 좋을지, 상대방이 무엇에 흥미를 느끼는지 알지 못하기 때문이다. 이렇게 서로 잘 모르는 관계일 때에는 우선 자기소개를 하고, 상대방보다 먼저 나서서 더 열정적인 사람을 자청하며 그의 말문을 열어야 한다.

낯선 사람들과 어울리며 새로운 관계를 여는 것은 정말 어려운 일이다. 서로 잘 알지 못할 때 사람들은 습관적으로 방어적인 태도를 취하여 먼저 상대방을 탐색하고 이 관계를 그대로 유지할지, 아니면 더 깊이 발전시킬지 결정한다. 그러므로 서로의 대화 주제를 최대한 다양한 부분으로 넓혀 그중 공통의 화제를 찾아 상대방의 방어 심리를 해제시켜야 한다.

과거 갈등을 겪었을 때

서로 잘 알지만 등을 돌린 경우도 있을 수 있다. 과거 갈등이 있었거나 서먹한 일이 있었으면 대화 중에 침묵이 생길 수 있다. 이럴 때에는 먼저 자세를 낮춰 말을 걸고 그의 체면을 세워주는 것이 좋다. 내가 우호적인 신호를 보내면 상대방이 침묵을 깰 확률이 확실히 높아진다.

서로의 관점이 달라 조금 전 격렬하게 다퉜을 때

가능한 조건 속에서 예측하기 어려운 간섭 요인들을 최대한 배제해야 상대방이 적극적으로 대화에 참여해 유쾌하게 소통을 마칠 수 있다. 그렇지 않으면 이야기하는 도중에 서로 언짢게 헤어질 수 있다.

침묵은 분명 대화에 도움이 되지 않는다. 그러므로 모두가 조심할 필요가 있다.

일단 대화가 침묵에 빠지면 그동안의 모든 노력이 물거품이 된다. 처음의 목표를 실현하기 어려우며, 상대방이 당신의 관점을 받아들이도록 설득할 수도 없다.

다툼이 발생해 대화를 원만하게 이어갈 수 없을 때에는 우선 마음을 침착하게 가다듬고 한 걸음 뒤로 물러선다. 그런 다음 다

틈을 야기한 장해물을 피해 이견이 없는 문제들에 대해 먼저 이야기한다. 상황이 심각하다면 제3자에게 대화에 함께 참여해달라고 요청해 분위기를 원만하게 바꾸어 침묵을 깨는 것도 한 방법이다.

No 소통을 잘하기 위한 6가지 공식

다른 사람과의 소통은 언제나 어렵다. 설득이나 거절 모두 쉬운 일이 아니다. 어느 창업자가 말했다.

"소통의 가장 큰 문제는 각자 자기 말만 한다는 거예요. 대화에 성실하게 임하고 목적도 같지만 하나가 되지 못해 아쉬움이 남아요."

사람들은 왜 자기 이야기만 할까? 소통을 잘하는 사람은 자기 말만 하지 않는다. 원칙도 지키고 협상의 마지노선도 지킨다는 전제하에 상대방의 마음을 헤아리며 말한다.

소통을 잘하는 사람은 대화를 통해 무엇을 얻고 싶은지 스스로 분명히 안다. 이것이야말로 대화의 핵심이다. 자신조차 왜 그런 말을 하는지 모르는 이야기들을 털어놓아서는 안 된다. 대화 과정에서 항상 목표를 견지하고 주의를 다른 데로 돌리지 않으며, 상대방이 계획한 함정에 빠지지 않아야 한다.

소통을 잘하는 사람은 문제를 전면적, 객관적으로 분석하며 맹목적이고 충동적으로 거절하지 않는다. 즉, 대화를 할 때 모든 요소를 고려하고, 어느 한쪽의 정보만으로 섣불리 판단하지 않는다. 또 이성적이다. 그들은 '이것 아니면 저것' 식의 바보 같은 선택은 하지 않는다.

류○○ 씨는 회사에서 일한 지 13년이 되었는데 같은 직급 중에서 가장 적은 임금을 받고 승진도 하지 못했다며 분통을 터뜨렸다.

"도대체 이 세상은 왜 이렇죠? 부익부 빈익빈이 너무 심하잖아요. 도저히 이해가 안 돼요."

류○○ 씨는 '바보 같은 선택'의 질문을 던졌다. 그녀의 질문에 대답하는 사람은 이것 아니면 저것을 선택해야 하는 상황에 직면하게 된다. 그녀의 관점에 동의하거나 아니면 부정하거나. 이 분야를 오랫동안 연구해온 켈리는 그녀에게 이렇게 말했다.

"왜 다른 쪽에서 원인을 찾아보지 않죠? 부유한 사람이 더 부자가 된 것은 그들이 가난한 사람보다 더 노력했기 때문이고, 가난한 사람은 되는 대로 사는 게 습관이 되어버려서 상황이 더욱 심각해진 거 아닌가요?"

켈리는 그녀의 과거를 살펴본 후 핵심적인 문제를 찾아냈다. 류○○ 씨는 회사에서 제공하는 교육 중 90퍼센트에 달하는 재충전의 기회를 거부했다. 회사에서 그렇게 긴 시간 동안 일을 했지만 재충전할 기회는 몇 번 없었던 것이다. 업무 능력도 늘 제자리걸음이어서 높은 임금을 받지 못하는 것은 당연한 결과였다.

이 문제를 그냥 지나칠 수는 없었다. 켈리와 나는 그녀에게 이 사실을 알려주기로 했다. 이것은 소통의 중요한 단계였다. 그녀에게 문제점을 분명하게 말해주고 스스로 그것을 깨달아야 인생에 직면한 난관을 해결할 수 있을 것 같았다.

이런 상황에서 류○○ 씨가 입으로만 우리 의견에 동의하는 척하고 속으로는 전혀 동의하지 않는다면 어떻게 설득할 수 있을까? 누군가를 설득하고 소통할 때 지켜야 할 여섯 가지 공식이 있다.

소통의 공식1 | 결정적인 순간에 수줍어하지 마라

중요한 문제에 직면했을 때 습관적으로 침묵을 유지한다면 당신의 삶에 비극이 시작된다. 조사에 따르면 44.5퍼센트의 사람이 중요한 일과 관련된 대화를 나눌 때 자신도 모르게 침묵하게 된다고 응답했다. 그런데 어떤 요구를 할 때 수줍어하거나 중요한 일에 대해 이야기할 때 갑자기 침묵한다면 당신의 주장이 설득력을 잃고 만다. 결정적인 순간에 절대 수줍어해서는 안 된다.

소통의 공식2 | 부정적인 느낌을 솔직하게 표현하라

부정적인 느낌을 숨기거나 회피하지 말아야 한다. 특히 중요한 이야기를 할 때에는 직접적으로 솔직하게 표현해야 한다. 상대방이 듣고 보고 느끼게 만들어야 비로소 당신의 마음을 이해할 수 있다.

대화 중 부정적인 느낌을 억제했을 때 나타나는 결과는 참담하다. 이렇게 불편한 대화 방식에 오랫동안 고통받았다면 응어리진 부정적인 느낌과 고통스러운 정서는 점차 인내심의 한계를 넘어 서서히 건강까지 해친다.

소통의 공식3 | 입장 차이가 있다고 상대방의 의견을 묵살하지 마라

중요한 문제에 대해 이야기할 때 다른 사람과 입장 차이가 있을 수 있다. 때로는 상대방이 나와 상반되는 입장을 보일 때도 있다. 하지만 그렇다고 해서 관계가 틀어지지는 않는다.

최악의 결과를 초래하는 것은 표현 방식이다. 다시 말해 이견이 있다고 해서 이를 억압할수록 갈등이 극대화되어 상대방의 불만을 초래한다. 다소 입장 차이가 있더라도 일단 상대방이 자신의 생각을 충분히 표현할 수 있도록 배려한다면 대화의 실마리를 찾을 수 있을 것이다.

소통의 공식 4 | 최악의 상황에 대한 마음의 준비를 하라

대화 전 혹시 소통이 잘 안 될 수도 있다고 미리 마음의 준비를 하면 까다로운 문제로 상대방을 설득하지 못한다고 해도 당황하지 않을 수 있다. 최악의 상황에 대비해 마음의 준비를 하는 것은 다른 사람과 대화를 할 때 꼭 필요한 소양이다. 이를 통해 만약의 상황에 대비하면서 앞일도 준비할 수 있다.

소통의 공식 5 | 힘들더라도 할 말은 해야 한다

간혹 겁먹고 반대 입장을 말하지 못하고서 대화가 끝난 뒤에 후회할 때가 있다. 이 일로 낙담하거나 자신감을 잃기도 한다. 꼭 결정적인 문제 앞에서 더 약해지거나 위축된다. 처음에는 힘들더라도 용기를 내 할 말을 하기 시작하면 점점 더 담대하게 주장을 펼칠 수 있다.

소통의 공식6 | 중요한 대화를 뒤로 미루지 마라

대화가 핵심 단계에 진입했을 때 많은 사람들이 토론을 뒤로 미루려고 한다. 자신감이 부족하거나 준비가 되지 않았기 때문이다. 대화가 핵심 단계에 진입했을 때 주도적으로 이야기를 이끌어보자. 미처 준비가 다 되어 있지 않더라도 용기를 가지고 기회를 잡아야 한다. 자꾸 미루기만 하면 문제는 더 커지고 대화는 흐지부지 끝나고 말 것이다.

5장

어쨌거나 실력이 우선, 실력파가 돼라

다른 사람이 대체할 수 없는 실력을 갖추어야 한다.

그러면 어떤 일에도 'NO'라고 말할 수 있는 힘이 생긴다.

나에게 불리한 요구에 당당하게 거절할 수 있게 된다.

'NO'라고 말하는 힘은 결국 내 실력에서 나온다.

실력이 쌓이면 자신감도 커진다.

No

내가 잘할 수 있는 것을 찾아라

우리는 스스로 '자아의 가치'를 찾을 수 있어야 한다. 자아의 가치란 자신감, 자애심, 자존감 등을 말한다.

자신감, 자애심, 자존감이 충분하면 스스로 가장 잘하는 것을 발견할 수 있고, 나만의 강점을 만들 수 있다. 나만의 강점이 있어야 심리적으로 더 안정되고, 사람들과 교류하고 거절을 하는 것도 겁내지 않을 수 있다.

아직까지 미처 자아의 가치를 찾지 못한 사람들은 다음과 같은 특징을 보인다.

마음이 나약하다

자신감과 자애심이 부족하며 자존심만 강하다. 우유부단하며 지나치게 걱정이 많아 자칫 주관과 신념이 없어 보인다.

누구든 존중하는 마음이 없다

싫어도 차마 거절하지 못하거나 남도, 나 자신도 존중하지 않는다.

과장된 행동을 한다

자신의 힘을 과시하며 일부러 과장되게 행동한다.

무턱대고 행운을 기다린다

아무 노력 없이 큰 이득을 얻기 바란다. 그러다가 유혹에 쉽게 빠져든다.

다른 사람을 질투한다

남을 질투하며 상처를 주거나 헐뜯는 행동을 하기도 한다. 남을 끌어내리면 자신과 비슷해진다고 믿는다. 이런 방식으로 심리적 안정을 얻는다.

자아의 가치를 찾기에 앞서 자아에 대한 평가가 이루어져야 한다. 자아에 대한 평가는 마치 거울을 보는 것과 같다. 거울 속 자신이 어떤 상태인지, 장점 또는 단점은 무엇인지, 문제가 무엇인지 살펴보며 자아에 대한 평가를 하고 나면 확실히 자신감이 생긴다. 자아에 대해 정확히 평가할 수 있는 사람만이 자신이 가장 잘하는 것을 정확하게 파악할 수 있다. 자신의 실력을 알아야 개선 방안도 찾을 수 있다.

자아에 대한 평가를 하려면 우선 자신의 모습을 있는 그대로 받아들여야 한다. 이는 아주 중요한 전제다. 자신의 모습을 있는 그대로 받아들이는 것은 모든 행동에 대해 전가할 수 없는 책임을 진다는 의미다. 한 달에 한 번씩 다음과 같은 질문을 통해 자아에 대한 평가를 실시해보자.

- **능력** 나에게는 어떤 특별한 재능 또는 기술이 있는가?
- **용기** 나는 동료와 경쟁할 용기가 있는가?
- **대가** 내가 쏟은 노력은 충분한가?
- **성취감** 나는 배우는 것을 좋아하는 사람인가?

이때 가장 좋은 방법은 내 기준이 아니라 제3자의 시선으로 생각해보는 것이다. 자아의 모습을 최대한 객관적으로 분석하고 판단해야 한다. 많은 사람들이 자신의 약점에 대해 늘 이유를 찾고 실패에 대해 변명을 찾는데 나만의 시각에서 벗어나 객관적인 자기 평가가 반드시 필요하다.

나와 켈리, 드래그 교수는 오랜 시간 이 분야를 연구하면서 사람들이 자신이 처한 상황을 실제보다 훨씬 낫다고 믿는다는 사실을 발견했다. 일종의 맹목적인 낙관적 태도다. 자신이 사업에서 더 나은 성과를 이루지 못하는 이유도 외부에 있다고 생각한다. 실력이 아니라 운이 없다고 생각하는 것이다. 자신은 실력이 매우 뛰어나지만 운이 따르지 않거나 다른 사람이 훼방을 놓아서 성공을 거두지 못했다고 여긴다.

사람들은 자신이 노력하지 않거나 책임감이 부족한 부분은 무시한다. 마땅히 져야 할 의무와 자신의 모든 단점을 적극적으로 회피한다. 평소 자신에 대해 철저히 분석하지 않으며 되돌아볼 생각조차 하지 않는다. 반성의 습관이라고는 찾아볼 수 없다.

자신이 실제보다 더 부족하다고 생각하는 사람들도 있다. 자신감이 부족하고 일에 잘 적응하지 못하며 어려운 도전을 회피하기도 한다. 또 늘 열등감에 휩싸여 있다. 실패하고 싶지 않고 용기를 내고 싶지만, 결과적으로 특별히 내세울 만한 일을 해본 적이 없다. 이러한 경험이 쌓이다 보면 점점 자신감을 잃게 된다.

현재 자신의 단점이 좋은 직장을 얻는 데 방해가 된다고 생각하거나 무언가를 하려는 용기를 깎아내린다고 생각할 수도 있다. 그렇다면 지금부터 정신을 바짝 차리고 자신의 특별한 능력을 발견하기 위해 노력해야 한다.

과거의 단점이나 부족함이 지금 슬럼프의 이유가 되어서는 안 된다. 단점을 회피하지 말고 적극적으로 강점을 찾아 이를 강화할 필요가 있다. 종이를 한 장 꺼내 나 자신에 대해 아는 것과 모르는 것을 전부 써보자.

잘하는 것 → 잘하지 못하는 것 → 알고 싶은 것 → 모르는 것

이 순서에 따라 최대한 자세히 열거해봐야 한다. 많으면 많을수록 좋다. 실제 상황을 근거로 적고 이를 분류해본다. 이때 절대 거짓으로 적어서는 안 된다. 과소평가하지도 말고 성실하고 진지하게 임해야 한다. 다 적은 뒤 자신이 가장 잘하는 것과 더 향상시키고 싶은 것을 선택한다. 그리고 과거의 일과 생활에서 자신이 이 두 가지 능력을 어떻게 드러냈는지 생각해본다. 그러다 보면 자신이 가장 잘하는 것을 찾을 수 있다.

No 'NO'라고 말하는 힘, 내 실력에서 나온다

● 어딘가에 필요한 사람이 되는 것이야말로 가치 있는 일이다. 이 가치는 반드시 '이용'되어야 한다. 나에게 이용할 만한 가치가 있다면 타인에게 거절을 할 만큼 충분한 밑천이 있는 것이다. 어떤 분야에서 나의 능력을 보여주기 때문이다.

가치의 중요성에 대해 드래그 교수는 이렇게 말했다.

"우리는 반드시 현실을 똑바로 바라보아야 합니다. 결점을 감추고 고치지 않으려 할 것이 아니라 마음을 더 열어야 합니다. 개방적인 마음을 가져야만 전체적으로 자기 자신을 바라보고 분석하여 민감한 문제를 회피하지 않을 수 있습니다. 이러한 기초 위에서 착안점을 찾고 핵심 가치를 세워야 하는 것입니다."

그렇다면 자신의 '쓰임'의 가치를 어떻게 판단할 수 있을까? 과거를 관찰해보면 빼어난 점, 특히 사람들에게 도움이 되었거나 칭찬받은 부분을 발견할 수 있다.

'내가 과거에 한 일은 무엇인가?'

'나의 공헌에 대해 칭찬한 사람이 있는가? 그것은 사람들에게 필요한가?'

이 질문에 대답할 때의 요점은 바로 나 자신에 관한 이야기여야 한다는 점이다. 현재 타인과 뗄 수 없는 사이일지라도 타인과 구분되는 나의 '다른 점'을 찾아야 한다. 그렇지 않으면 당신은 결코 자신의 가치를 발견할 수 없다. 자신에게서 사람들에게 필요한 면을 발견할 수 없다. 또 반성이 수박 겉핥기식으로 끝난다면 객관적인 결론을 도출할 수 없다.

미래는 과거보다 당연히 더 중요하다. 과거가 어찌 되었든 미래에는 승리를 거두어야 한다. 미래에 중대한 영향력을 미치는 일에 종사하며 중요한 직책을 맡고 싶다면 미래 당신의 상사는 미래에 대한 당신의 자아 설계에 주목할 것이다. 과거나 현재에 했거나 하고 있는 일에 주목하는 것이 아니라 당신이 장차 가치를 실현할 수 있는지에 주목하는 것이다. 이에 대해 충분히 준비하고 그에 맞는 품격을 갖춰야 한다. 이는 자신의 미래에 대한 의지이며, 타인에게 보여주는 미래의 청사진이기 때문이다.

미래를 손에 쥐고, 또 바꿀 능력을 지니고 스스로 미래에 당당히 일어서야 한다. 이는 자기 개발을 할 때 반드시 짚고 넘어가야 할 중요한 문제다. 회피할 수 없으며 무시할 수 없다. 이것이 미래에 당신이 무엇을 할 수 있을지, 무엇을 좌우할 수 있을지 결정하기 때문이다. 나의 미래와 관련이 많은 과거를 허구로 만들어서는 안 된다. 사실에 충실하고 솔직해야 한다.

과거와 미래의 연결점을 찾아보면 간단하다. 이미 지나간 자료를 수집하고 목표에 따라 다시 경중을 따져 나열해보자. 그러면 과거에 자신이 어떤 사람이었는지, 어떤 기억할 만한 일을 했는지 분명히 확인할 수 있다. 자신의 진정한 장점을 찾는다면 그것이 바로 사람들에게 내가 필요한 이유가 된다.

왜 힘들게 자신과 관련된 모든 요소를 종이에 나열해야 할까? 진정한 장점은 마음 깊이 숨어 있어서 쉽게 찾을 수 없기 때문이다. 그것들은 언제나 구석 어딘가에 숨겨져 있어 머리를 쥐어짠다고 찾을 수 있는 것이 아니다.

자신을 묘사하기 전에 지난 인생 경험을 상세히 나열하고, 과거의 삶과 일에서 어떤 가치를 축적했는지 돌아보자. 생활 속에서 어떤 특출한 점이 있었는지, 어떤 때 다른 사람의 부러움이나 칭찬을 받았는지 생각해보는 것이다. 그리고 자신과 타인의 다른 점을 찾는다면 나의 가치를 더욱 돋보이게 할 수 있다.

JP모건의 창시자는 자녀에게 이렇게 말했다.

"다른 사람에게 필요한 사람이 되어야만 자신의 가치를 드러낼 수 있다. 다른 사람의 필요를 만족시키는 사람이 되어야만 자신의 가치를 실현할 수 있다."

그가 후대에 남긴 가장 귀한 재산은 돈이 아니었다. 어떻게 자신의 가치를 이용해 신뢰를 얻고 권력을 얻는지에 대한 깨달음이었다. 이는 타인에게 필요한 사람, 모두에게 꼭 필요한 사람이 되는 것이 자신을 홍보하고 포장하는 가장 좋은 방법이라는 사실을 말해준다.

한 왕국에 예언이 잘 들어맞기로 소문난 점쟁이가 있었다. 그의 예언은 한 번도 빗나간 적이 없었다. 사람들은 모두 그를 떠받들었다. 그러자 왕은 자신의 권력이 위협받는다고 생각해 그를 죽이려고 했다.

어느 날 밤, 왕이 점쟁이를 왕궁으로 불렀다. 왕은 기회를 엿봐 그의 목을 베려고 했다. 왕궁을 찾은 점쟁이에게 왕은 비웃으며 최후의 질문을 던졌다.

"한 번도 예상이 빗나간 적 없고, 누구의 운명이라도 예견할 수 있으며, 천문이나 지리도 모르는 것이 없으니 당신은 마치 하느님과 같지 않습니까? 그렇다면 당신 자신은 얼마나 살 수 있을 것 같습니까?"

점쟁이는 위험을 감지하고 웃으며 대답했다.

"저는 임금께서 서거하시기 사흘 전에 죽을 것입니다."

이 말에 깜짝 놀란 왕은 점쟁이를 없앨 생각을 접었다. 오히려 그를 귀빈으로 접대하며 건강하고 안전하도록 극진히 모셨다. 그가 죽으면 자신도 사흘 뒤에 세상을 떠날 테니 말이다.

이 점쟁이처럼 다른 사람이 대체할 수 없는 가치를 지니도록 노력해야 한다. 당신이 만약 어느 회사에서 이 정도의 가치를 지닌 사람이 된다면 어떤 일에도 'NO'라고 말할 수 있는 힘이 생긴다. 누구라도 당신에게 불리한 요구를 한다면 당당하게 거절할 수 있게 되는 것이다.

No

마음이 강한 사람이 실력도 강하다

● 많은 사람들이 자기 자신은 색안경을 끼고 바라본다. 대부분 불행한 면만 보고 유리한 면은 보지 못한다. 특히 운과 타고난 것만을 믿고, 여러 각도에서 이유를 찾고 핑계를 만든다. 한편 타인의 경우에는 단점만을 바라보며 작은 결점이라도 찾아내려고 한다. 배워야 할 점은 보지 못하고 타인을 질책하고 환경을 원망하고 자신을 한탄하며 만족을 얻으려고 한다.

마음이 강한 사람은 자신에 대해 분명히 알고 있다. 단점도 물론 알고 있다. 하지만 그들은 우스갯소리로라도 자신을 과소평가하는 말은 하지 않는다. 또한 자기 자신에게 과한 요구를 하지도 않는다. 단지 어느 한 분야만을 주목하고 능력을 향상시키려고 노력한다. 이러한 태도는 배울 만하다. 매일 자신에게 이렇게 말하는 것도 좋은 방법이다.

'이 분야라면 나도 잘할 수 있어! 모든 일을 다 잘할 필요는 없어. 한 가지 일만 잘하면 충분해.'

'이번엔 지난번보다 잘했어. 나는 매일 어제보다 더 발전하고 있어. 계속 노력하면 앞으로 결국 나의 실력을 발휘하게 될 거야.'

현실이 내 마음 같지 않더라도 반드시 현실을 직시해야 한다. 내가 통제할 수 없는 일에 관여할 생각 말고 현실을 있는 그대로 받아들이면서 자신을 격려하고, 자신이 통제할 수 있는 일을 잘 해내면 성공적이다.

한편 마음이 나약하고 실패하는 게 습관이 된 사람들은 자신을 약화시키는 방식으로 자아를 평가한다. 좌절을 겪거나 의기소침해질 때에는 더더욱 부정적으로 변한다. 마음속의 힘 역시 나약해진다. 그러다 결국 자신감에 심각한 타격을 받고 무슨 일을 하든 잘 못하겠다고 말하며, 스스로 장점이라고는 찾아볼 수 없는 사람이라고 여기게 된다. 그들은 끊임없이 이렇게 자기 암시를 한다.

'이제 알겠어. 나는 애초에 자질이 없었어! 나는 처음부터 이

일을 하지 말았어야 했어. 만약 그랬다면 이렇게 비참한 결과는 없었을 거야.'

'진작 포기할걸. 그랬다면 이렇게 망신당하지는 않았을 텐데.'

'이번 일을 망쳤으니 사람들이 모두 나를 비웃겠지?'

나약한 사람들의 전형적인 태도다. 이들은 지나치게 잘난 체하며 "난 뭐든지 할 수 있어!"라고 말하거나, 지나치게 열등감을 느끼며 "난 잘하는 게 아무것도 없어!"라고 말한다. 다시 말해 나약한 사람은 대체로 자신에 대해 객관적이며 중립적이고 이성적인 평가를 하지 않는다.

일을 시작하기 전에 그들은 자신에게 10점 만점에 10점을 준다. 하지만 실패한 뒤에는 최저점인 0점을 준다. 중점적으로 발전시켜야 할 능력을 분명하게 인식하지 못하기 때문이다.

그렇다면 강인한 사람은 어떨까? 그들은 자신을 격려하는 동시에 칭찬을 겸손하게 받아들이며 이성적으로 자신의 위치를 정한다. 다른 사람이 자신의 비위를 맞추려 할 때 유혹에 흔들리지 않을 방법을 찾으면서 새로운 목표를 발견한다. 또 어떤 분야에서 목표를 달성하면서 반박할 수 없는 실력을 갖춘다. 쓸데없이 모든 일을 다 잘하려고 하지 않고 가장 중요한 일만 잘하면서 다음과 같은 식으로 생각한다.

자아에 대한 평가가 정확하다

'이 일에는 내가 딱 맞아.'

남의 칭찬을 바라지 않는다

'나는 이 분야에 실력이 뛰어나. 내가 잘하면 그걸로 됐어. 남이 나를 추켜세우는 것 따위 필요 없어!'

자신의 능력을 믿는다

'이 분야에서 내 능력은 뛰어나. 나는 자신감도 있고, 내 성과에 대해 자부심을 느껴!'

나 자신이 가치 있는 사람이라고 확신한다

'나는 가치 있는 사람이기 때문에 나를 사랑하듯 다른 사람을 사랑할 수 있고 더 여유 있고 침착해질 수 있어. 나는 방향을 잃지 않고 더 분명하게 현실을 바라볼 수 있어. 앞으로 나의 분야를 찾고 끝까지 밀고 나가겠어!'

자신감을 가지고 자신의 장점을 말할 수 있다면 이미 든든한 밑천을 가진 것이나 다름없다. 이는 무슨 일을 하든 당신에게 도움이 될 것이다.

No

실력이 쌓여야 자신감도 커진다

자신감을 갖고 싶지 않은 사람이 과연 있을까? 누구나 최강의 자신감을 가지고 어떤 문제도 두려워하지 않길 바란다. 자신감이 있을 때 우리는 자신의 존재를 느끼며 가치를 실현할 수 있기 때문이다. 하지만 현실은 혹독하다. 자신감이 있더라도 기대했던 결과를 얻지 못하기도 하고 목표를 달성하지 못하기도 한다. 자신감은 충만했지만 결과는 아쉬웠던 경험이 분명 있을 것이다.

내 상담실을 찾은 어떤 이가 이렇게 말했다.

"저는 자신만만했지만 제가 기대한 결과를 얻을 만한 능력이 없다는 것을 알게 되었어요. 결국 사람들에게 비웃음을 당하고 약점만 잡힌 거죠."

문제는 이것이다. 그렇다면 과연 자신감을 가지려면 어떻게 해야 할까?

자신감을 통해 어느 정도의 보상을 얻을 수 있는가는 자신의 능력에 달려 있다. 진정한 자신감이란 스스로 어느 정도 성공을 거둘 만한 능력이 있다고 믿는 것이다.

한 회사에서 설계 작업에 참여할 인력을 고용하려고 했다. 간단한 작업이지만 연봉 10억을 준다고 밝혔다. 이때 몇 명이나 지원했을까? 결과는 놀라웠다. 무려 87퍼센트의 사람이 지원하지 않겠다고 대답했다. 이렇게 많은 임금을 지불한다면 분명 높은 능력을 요구할 것이라고 생각했기 때문이다. 하지만 연봉을 5천만 원으로 낮추자 지원하지 않겠다는 비율은 9퍼센트로 떨어졌다.

한번 생각해볼 만한 문제다. 자신감은 자신의 능력에 대한 평가에 달려 있다. 사람들은 '실력이 뛰어날수록 더 많은 보상을 받는다'는 원칙을 믿고 싶어 한다. 자신의 능력을 우선 강화한 다음 자신감을 키워야 한다고 생각한다.

능력에는 말하는 것, 일하는 것, 배우는 것 등 각 분야의 소양이 포함된다. 모두 정확한 단계에 따라 개발해야 한다. 또한 자신에 대해 충분한 믿음을 가져야만 다른 사람을 신뢰하고, 서로 신뢰를 쌓을 수 있다.

먼저 스스로 학문을 넓혀야 한다. 이는 기초를 다지는 단계다. 여러 분야의 지식을 최대한 습득하여 학문을 넓히고 다양한 지식을 섭렵하여 기초를 다지는 것이 좋다.

그다음 그 분야에 정통해야 한다. 이는 실력을 개발하는 단계다. 지식의 기초를 다진 후 자신이 가장 잘하는 분야를 찾아 중점적으로 개발하여 정통한 수준까지 끌어올려야 한다. 많은 이들에게 필요한 능력을 지닐수록 아무도 대체할 수 없는 가치를 지니게 된다.

모든 능력은 노력을 통해 조금씩 축적된다. 집을 한 채 짓는다면 먼저 기초를 다지고 1층을 세우고 2층을 세우며 맨 꼭대기 층까지 세운다. 하루아침에 집을 지으려는 사람은 실패할 수밖에 없다. 이처럼 하루 만에 진정한 자신감을 가질 수 있는 사람은 없다. 하지만 노력하고 또 노력하면 성공은 못할지언정 자신감은 다질 수 있고, 기죽지도 않을 게 분명하다. 또한 더 용감하고 굳건해질 것이다.

자신감을 키우고 싶다면 우선 다음의 다섯 가지 원칙을 철저히 준수해야 한다.

잘하는 분야를 찾을 수 있다는 믿음을 갖는다

내가 잘하는 분야는 반드시 나의 흥미와 능력이 결합되어야 한다. 만약 당신이 과학 연구를 잘한다면 억지로 하는 것이 아니라 분명 피곤한 줄도 모르고 할 것이다.

방향을 분명히 정하고 그 방향대로 노력한다

처음부터 방향이 정확해야 한다. 만약 방향이 틀린 상태에서 빨리 나아가기 위해 노력한다면 그로 인한 시행착오도 늘 것이다. 우선 자신의 꿈을 확인하고 이성적으로 계획을 세워야 한다.

필요한 경우 도움을 구한다

혼자만의 노력으로 모든 문제를 해결하려 하지 말아야 한다. 이 세상에 그런 행운은 흔치 않다. 필요한 경우 훌륭한 선배의 협조를 구하고, 그들의 도움을 거절하지 말고 배우는 자세로 다가가야 한다.

늘 정기적으로 반성하는 습관을 들인다

끊임없이 반성하고 이를 습관화해야 한다. 반성을 통해서만 문제점을 발견할 수 있다. 문제를 발견했다면 즉시 고쳐야 한다.

주관이 뚜렷해야 한다

주관은 한 사람의 견해나 의지로, 유일무이한 그 사람만의 생각을 나타낸다. 아무리 큰 걸림돌에 부딪힌다고 해도, 아무리 큰 좌절에 맞닥뜨린다고 해도 주관과 원칙을 쉽게 포기해서는 안 된다. 마지노선의 원칙을 고수하여 자신이 정한 선을 지켜야 한다.

이 다섯 가지 원칙과 함께 다음의 8계명도 지키며 자신을 엄격하게 통제해 금지 구역을 넘어서지 말아야 한다. 그렇지 않으면 지나치게 실리만을 추구하는 현실주의자가 될 수 있다. 실력만을 믿는 사람은 인정이 없어 결국 인간관계에 해를 끼치게 된다.

1계명 | 도움을 거부하지 마라

아무에게도 도움을 청하지 않는다면 사람들이 하나둘 당신을 떠날 수 있다.

2계명 | 이유 없이 거절하지 마라

거절을 할 때에는 반드시 이유를 대야 한다. 당신의 능력이 아무리 뛰어나도 다른 사람을 내려다보듯 이유 없이 거절한다면 관계는 망가지고 말 것이다.

3계명 | 지나치게 강경한 태도를 보이지 마라

지나치게 강경한 태도는 사람들과 멀어지게 한다. 그러다 결국 강경한 모습을 보일 기회조차 사라지게 된다.

4계명 | 타인의 정당한 권리에 해를 끼치지 마라

자신의 이익을 지키는 것은 정당하다. 동시에 타인의 이익에도 해를 끼쳐서는 안 된다.

5계명 | 지나치게 자신하지 마라

자신감이 지나치면 거만하고 안하무인으로 행동할 수 있다. 자신감이 우월감이 되면 인격적인 매력이 반감될 수 있다.

6계명 | 여지를 남겨놓아라

거절을 할 때에는 협상의 여지를 남겨놓아야 한다. 일부 조건을 만족한다면 협상의 기회는 남아 있다.

7계명 | 완벽주의자가 되지 마라

완벽주의자는 존경을 받기도 하지만 미움을 받기도 한다. '도덕적 결벽'은 불필요하다.

8계명 | 잘못된 방향을 고집하지 마라

만약 방향이 틀렸다면 이를 알아차렸을 때 이미 늦었다고 생각되더라도 즉시 과감하게 포기해야 한다. 그렇지 않고 틀린 방향으로 계속 나아간다면 앞으로의 모든 노력이 물거품이 되고 말 것이다.

No

현실을 인정하고 변화의 길을 찾아라

● 최근 몇 년간 상담하러 온 많은 사람들이 거절 능력을 잃어버린 이유가, 생활 리듬이 빨라지면서 현실에서 방향을 잃었기 때문이라고 토로했다. 커 씨는 "아주 강렬한 느낌은 있는데 저에게 무슨 일이 발생했는지, 어떻게 해야 할지 모르겠어요"라고 말했다. 커 씨처럼 상황이 이미 심각한 상태에 이르렀는데도 어쩐 일인지 흥겹게 콧노래를 부르는 사람들이 있다.

'음, 다 잘되고 있어. 이렇게 계속 가면 되는 거야!'

커 씨는 상사의 가혹한 지시를 따르며 마음속으로 이렇게 생각했다. 이것은 현실에서 도피하고자 하는 잠재의식 때문이다. 길을 잃은 아이가 일부러 '나는 길을 잃지 않았다'라는 가상을 만들어내는 것처럼 말이다.

이렇게 현실감각을 잃은 사람은 실패한 회사의 상태와 같다. 실패한 회사도 운영은 계속될 수 있다. 끊임없이 사람을 모집하고 확장하기도 한다. 하지만 그 장부를 확인해보고 현재와 미래를 분석해보면 회생 가능성이 없음을 알 수 있다. 그 회사는 이미 마땅히 지니고 있어야 할 힘을 잃었기 때문이다. 이 회사를 기다리고 있는 것은 무덤뿐이다.

많은 사람들이 자신의 현실에 무조건 낙관적이거나 극도로 비관적인 태도를 보인다. 때때로 두 가지 생각에 빠져 헤어 나오지 못하기도 한다.

'나는 과연 앞을 향해야 하는가, 뒤를 향해야 하는가?'

이때 그들은 불리한 선택을 거절할 능력을 잃을 뿐만 아니라 용기도 계속 없어지고 있다고 느낀다. 머릿속에서는 완전히 다른 두 가지 생각이 존재한다.

첫 번째 생각은 적극적이고 맹렬하게 생존해야 한다고 격려한다. 아무리 어려운 환경에 부딪히더라도 맞서 싸우려고 한다. 머릿속으로는 이렇게 말한다.

'이봐, 어서 가! 위험을 무릅쓰라고! 그곳은 당신의 낙원이야!

맞서 싸워! 그것은 당신의 영토야! 위기는 신경 쓰지 마. 위험을 두려워하지 말고 과감하게 나아가는 거야!'

이 소리는 현실을 잊고 꿈을 실현하게 한다.

두 번째 생각은 매우 소심하고 신중하며 분명하다. 거울과 같이 현실을 직시하게 하고, 도대체 무슨 일이 발생했는지 분명히 살펴보게 한다.

예컨대 당신의 재무 상황이 무척 안 좋고 고객도 충분히 확보하지 못했다고 하자. 모든 상황이 회색빛으로 당신에게 매우 불리하고 눈앞의 큰 산이 곧 무너질 지경일 때 그것은 끊임없이 신호를 보낸다. 기존의 것을 포기하고 변화하도록, 또 다른 환경에 적응하도록 한다. 그리고 머릿속으로 이렇게 말한다.

'이런 상황을 받아들이고 기꺼이 바꾸려고 노력해야 비로소 생존할 수 있다!'

무엇을 선택해야 할까? 당연히 두 번째다. 현실을 마주해야 변화의 기회가 생긴다.

그렇다면 이미 자신의 현실감각이 심각하게 떨어졌다는 사실을 어떻게 알 수 있을까? 다음에 제시된 기준을 자신의 상황과 대조해 생각해보자.

- 현실적으로 큰 의미가 있는 업무 실적이나 생활 상태 등의 지표를 무시하고 있다. 그러면서 미래에 대해 근거 없이 낙관하고 있다.
- 아침에 일어나기가 싫다. 가볍게 몸을 풀며 운동하고 싶은 생각도 없다. 그저 계속 자고 싶고 일어나고 싶지 않다.
- 오랫동안 여러 사람이 모이는 장소에 나가지 않았다. 내가 무엇을 하고 있는지, 그 일이 어떤 의미가 있는지 어떻게 설명해야 할지 몰라서 모임에 나가고 싶지 않다.
- 과거 상당 기간 동안 한 가지 일을 위해 노력했지만 어떤 결과도 얻지 못했다.
- 나의 미래에 대해 많은 계획을 이야기할 수 있다. 하지만 현실은? 마음속으로는 이미 그 일들이 실현 불가능하며 세세한 것들을 전혀 파악하고 있지 못하다는 사실을 잘 알고 있다. 그저 입으로만 말하고, 그것이 이루어질 것이라고는 전혀 기대하지 않는다.
- 머릿속에 생각이 가득하다. 그중 어떤 것은 기발하다고 생각되지만 주변 사람들은 모두 비현실적이라고 말한다.
- 가족을 보고 싶어 하지 않는다. 상사나 동료와도 대화하기가 싫고 그저 혼자 있고만 싶다. 움직이기도 싫고, 음악을 듣고

싶은 마음도 생기지 않는다.

- 생활이나 일에 막대한 비용을 들이고 있지만 보상은 받아본 적도 없고 여전히 그 비용은 증가하고 있다.
- 변화의 필요성을 느끼지만 결심을 못 하고 있다. 벌써 몇 개월째, 아니 그보다 더 오랫동안 고심하고 있다.

만약 자신에게 이와 같은 현상들이 나타난다면? 설령 모든 조항에 다 해당된다고 해도 상관없다. 괜히 겁먹을 필요 없다. 상황이 아무리 심각해도 해결할 방법은 있다.

이 세상에 해결하지 못할 문제는 없다. 다만 자존심이나 체면 때문에 현실감각을 잃어서는 안 된다는 점이 전제되어야 한다. 대부분의 사람들이 변화를 시도하지 않는 이유는 체면이 깎일까 봐 두려워하기 때문이다. 체면 때문에 바꿔야 할 것을 몇 개월, 몇 주, 며칠 질질 끌며 미루다가 마지막 절호의 기회마저 놓쳐버리고 만다. 그런 실수를 저지르지 않기 위해 다음 사항을 유념해야 한다.

현실을 인정하라

자신이 직면한 어려운 현실을 인정해야 한다.

'그래, 사는 건 원래 이런 거야! 현실을 받아들이고 더 이상 회피하지 않겠어!'

뒤이어 또 다른 고난에 직면하면 다음 단계에서 어떻게 행동할지 생각한다. 구체적인 상황에 따라 준비를 해야 하며 이는 주변 환경과 관계가 깊다. 만약 계획과 달리 잘못되어도 중도에 포기할 수 없다. 시작하자마자 회피할 수도 없다.

나 자신에게 경고하라

마음속으로 이렇게 외치자.

'나는 지금부터 나 자신을 절대로 속이지 않을 거야. 눈 가리고 아웅 하지도 않고 고귀한 시간을 낭비하지도 않을 거야. 다른 사람이 내 믿음을 무시한다면 가만두지 않겠어!'

가장 중요한 것은 다음 단계로 나아가는 것

이미 현실을 받아들였고, 목표가 확실하고, 결심이 섰다면 변화할 용기가 없겠는가? 이제 계획을 철저히 세우고 목표를 향해 단계적으로 나아가야 한다.

6장

어떤 상황에서도 할 말은 하는 거절의 기술

부당한 요구에도 'No'라고 말 못 하면 요구는 끝도 없이 이어진다.

부끄러워서 거절 못 하고 괜히 혼자 마음고생할 필요 없다.

어떤 상황에서도 거절해야 할 것은 단호하게 거절해야 한다.

가장 좋은 방법은 화기애애한 분위기를 깨지 않으면서

상대방 스스로 요구를 거둬들이게 하는 것이다.

No

부당한 요구,
이제부터 웃으며 거절하자

내가 일하는 태도에 대해 지적하자 커 씨는 미간을 찌푸렸다. 그는 자신의 '무능함'을 받아들이지 못했다. 회사가 불공평한 임무를 맡기는 것이나 이익 분배 문제에 대해 특히 그랬다.

"제 직속 상사는 배경이 든든하죠. 회사에서 자기 입지가 확실하고요. 사장도 그를 신뢰하고 있어서 그가 시키는 일이라면 얻는 것보다 잃는 게 많더라도 아무 말 않고 따라야 해요."

어느 날 아침, 커 씨가 출근을 하자마자 자리에 앉기도 전에 부장이 불렀다. 부장은 서류를 그의 앞에 던지며 당연하다는 듯이 말했다.

"지금부터 협상을 진행하게. 우리 조건은 아래에 적어놨네."

커 씨는 서류를 열어보고 어안이 벙벙했다. 이렇게 까다로운 조건을 고객이 과연 수긍할까 싶었다.

이런 전례는 많았다. 이미 여러 번 겪은 일이었다. 결과는 뻔했다. 부장은 이런 난제를 그에게 던져주고 협상이 잘되면 자신의 공으로 돌리고, 협상이 잘 안 되면 실무자 책임으로 돌리려는 것이었다. 하지만 커 씨는 거절하지 못했다. 항상 이런 식이었다.

커 씨는 그 일을 맡고 나서 마음이 몹시 불편했고, 당장 사표를 쓰고 싶었지만 생각에 그칠 뿐이었다. 아무것도 할 수 없었다. 그저 불만만 잔뜩 품은 채 일을 진행했고, 협상은 결국 불발되어 상여금이 날아가버렸다.

많은 사람들이 커 씨와 비슷한 경험을 한다. 부당한 업무 지시를 어떻게 거절해야 할지 모르고, 어떤 방식으로 정당한 권리를 지켜야 할지 몰라 난감해한다.

직장에서나 일상생활에서 다른 사람들이 부당한 요구를 해올 때가 있다. 어떤 일은 내가 할 수 있는 일이고 해야만 하는 일이다. 하지만 어떤 일은 사장의 무리한 요구이거나 동료의 조롱에 불과하다. 이때 과감하게 거절하는 사람도 있지만, 사회생활을 하는 이상 어쩔 수 없다며 울며 겨자 먹기로 부당한 요구에 응하는 사람도 있다. 그런데 알아두어야 할 것이 있다. 물론 상사의 지도를 받고 그의 지시에 복종해야 하지만 직위의 높고 낮음을 떠나 인격적으로는 누구나 독립적이며 평등하다.

우리는 상사에게 예속되지 않으며 무조건 동료에게 맞춰줘야 할 필요도 없다. 일할 때에는 옳고 그름과 선악을 따져 복종해야 할 것에는 복종하고, 거절해야 할 것은 단호하게 거절해야 한다.

그렇다면 화기애애한 분위기를 깨지 않으면서 어떻게 상대방 스스로 요구를 거둬들이게 할 수 있을까? 부당한 요구를 거절하는 몇 가지 좋은 방법이 있다.

우유부단하게 행동하지 않는다

거절이라는 목적에 닿기 위해 일단 목소리를 키워야 한다. 그리고 처음부터 확실한 태도를 보이며 끝까지 밀고 나가야 한다. 중간에 태도를 바꾸거나 상대방에게 협상의 여지를 남겨서는 안 된다.

거절하는 이유를 분명히 밝힌다

'No'라는 한마디로 끝내지 말고 왜 거절할 수밖에 없는지 그 이유를 자세히 설명해야 한다. 이때 자신의 입장만 내세우지 말고 상대방의 입장에서도 문제를 고려해 말하는 것이 좋다.

상대방을 공격하거나 멸시하지 않는다

존중은 설득의 가장 훌륭한 무기다. 거절할 때에는 존중하는 마음을 담아 갈등을 해결해야 성공적으로 상대방을 설득할 수 있다. 상대방이 상사일 때에는 특히 더 그렇다.

칭찬을 해준다

누구나 칭찬받는 것을 좋아한다. 따라서 상대방의 장점을 칭찬하고 자부심을 느끼도록 한 후 부탁을 거절하는 것도 한 방법이다. 이렇게 하면 상대방은 심리적으로 다소 불편하기는 해도 당신의 거절에 반박하지는 못할 것이다.

No 욕심쟁이의 말, 들어주다 보면 끝이 없다

● 쑨 씨와 상담을 진행하면서 그녀에게 매우 선량한 면이 있음을 알게 되었다. 그녀는 남을 돕는 일을 마다하지 않았다. 하지만 종종 자신의 능력을 넘어서는 일이 생겼고, 그때마다 다른 사람에게 자신의 몫을 빼앗기며 부당한 대가를 치렀다.

"제가 양보해서 그들의 요구에 응할수록 그들은 더더욱 만족하지 못하고 끊임없이 새로운 요구를 해왔어요. 가슴이 너무 답답하고, 이런 생활이 정말 싫어요."

우리 주변에서도 흔히 볼 수 있는 일이다. 다툼이 생겼을 때 한쪽은 전체 상황을 바라보며 스스로 자제하고 양보한다. 하지만 다른 한쪽은 생떼를 부리며 끝없이 욕심을 부린다. 그들은 타깃 하나를 정해놓고 부당하고 분통을 터트릴 만한 요구를 계속한다.

어떤 요구에도 계속 양보만 한다면 지켜보는 사람까지도 당신을 동정하지 않게 되고, 결국 스스로도 이 난관을 넘어서지 못하고 말 것이다.

그렇다면 끝없이 욕심을 부리는 사람에게는 어떻게 대처하는 것이 좋을까?

협상의 여지가 없다면 절대 양보하지 마라

먼저 경계선을 긋고 원칙을 세워야 한다. 협상의 여지가 있는 것과 타협할 수 없는 것을 분명히 구분한다.

협상의 여지가 있다면 대화를 하면서 해결해나가면 된다. 하지만 타협할 수 없다고 생각하는 것들에 대해서는 절대 물어나서는 안 된다. 일단 물러나면 방어선이 무너지고, 상대방은 빈틈을 노리고 당신의 영역을 계속 침범할 것이다.

화가 난다고 감정적으로 대해서는 안 된다

한도 끝도 없이 욕심을 부리고 억지를 쓰는 사람과 만나면 첨

예하게 대립하다 다툼이 생길 수 있다. 일단 분노를 느끼면 감정적으로 대하게 된다. 그러면 논쟁을 할 때 이성을 잃고 충동적으로 잘못된 방법을 선택하기도 한다.

상대방에게 이제껏 충분히 이용당하고도 도의를 문제 삼으면 일은 더욱더 해결하기 어려워진다. 따라서 중개자가 함께 있는 자리에서 합리적이고 합법적으로 객관적 사실에 근거해 상대방의 입을 막아야 한다.

서두에 마지노선을 먼저 말하라

가장 좋은 방법은 상대방에게 미리 마지노선을 말하는 것이다. 그러면 상대방이 욕심을 낼 여지가 줄어든다. 욕심과 불만이 가득하고 만족할 줄 모르는 사람을 상대할 때 가장 좋은 방법은 먼저 필요한 조치를 취하고 내가 생각하는 원칙을 설명하는 것이다. 이렇게 하면 근본적으로 다툼의 발생을 피할 수 있다.

No

거절할 때
화부터 내는 건 절대 금물!

● 흥분하고 고함을 치면 문제를 해결할 수 없을뿐더러 스스로의 마음도 안정시킬 수 없다. 어려운 문제에 부딪혔을 때 일단 흥분부터 할 것이 아니라 다음의 두 가지를 생각해보는 것이 좋다.

• 첫째, 나는 왜 'No'라고 말하려 하는가?

이는 어떤 일을 거절하려는 목적과 이로써 나에게 생기는 이해득실을 따지는 것이다. 이 질문에 대한 답은 두 가지로 나타난다.

첫 번째, 거절이 나에게 이익이 되므로 반드시 과감하게 거절해야 한다.

두 번째, 거절은 합당하지 않으며 나에게 불이익만을 가져다준다. 이 경우 바로 거절하지 말고 잠시 시간을 가지고 이야기해보거나 거절을 포기한다.

• 둘째, 어떻게 말해야 상대방을 설득할 수 있을까?

이는 단 하나의 결과만을 가져온다.

'나는 반드시 거절해야 한다. 마땅한 이유를 찾아 꼭 거절해야 한다!'

어떤 문제를 생각할 때 습관적으로 목적에 얽매이지 말고 원인을 생각하고 합리적인 과정을 설계해야 한다. 만약 목적에만 주목한다면 온정을 잃을 수 있다. 다시 말해 자신의 이익을 고려하면서 'No'라고 말하려면 반드시 신뢰할 만한 이유를 밝혀야 한다.

'역지사지(易地思之)'라는 말처럼 입장을 바꾸어 생각해보아야 한다. 그래야만 내가 왜 거절해야 하는지, 왜 약속을 지켜야 하는지 분명해진다. 역지사지의 본질은 쌍방이 서로를 이해하고 공감대를 찾아 현실적으로 생각하는 데 있다.

거절할 때 거만한 태도는 금물!

거절할 때에는 온화한 태도를 유지해야 한다. 거만한 태도는 절대 금물이다.

만약 거만한 태도로 'No'라고 말한다면 상대방은 분명 당신이 의도적으로 자신을 적대시한다고 생각할 것이다. 설령 이유가 충분하고 반박의 여지가 없다고 해도 그는 당신에 대해 매우 부정적인 인상을 갖게 될 것이다. 이러한 거절이 가져올 위험은 이익보다 훨씬 크므로 거만한 태도는 반드시 피해야 한다.

나와 다른 관점도 포용할 것

거절하기 전 상대방에게 자신의 생각을 말할 시간을 충분히 주어야 한다. 상대방이 입을 열자마자 'No'라는 말로 소통의 문을 닫을 게 아니라 자유롭게 말할 기회를 줘야 한다. 실제로 많은 사람들이, 이성적이라는 사람들조차 다른 사람과 관점의 차이가 있을 때 매우 쉽게 극단적이고 편협하게 변하며, 상대방에게 말할 기회조차 주지 않는다.

정신적 성숙도를 보여주는 것 중 하나가 바로 나와 다른 의견을 포용하고 모든 목소리에 귀를 기울이는 것이다. 설령 그것이 불합리하고 무례하며, 심지어 다른 속셈이 있다 하더라도 이야기를 끝까지 다 듣고 난 뒤에 대답해야 한다.

서로 더 많이 논쟁할수록 좋다. 논쟁과 거절을 통해 공감대를 찾을 수 있기 때문이다. 물론 이 경우에도 상대방의 관점을 반드시 존중해야 한다. 이는 모든 성인이 반드시 갖추어야 할 덕목이다.

No

미움 사지 않고 거절하는 법

● 내 비서는 가끔씩 이런 불평을 늘어놓을 때가 있다.

"저는 거절을 잘 못 하겠어요. 거절했다가 다른 사람에게 원망을 살까 봐 항상 조심스러워요. 제가 면전에 대고 거절을 한다면 저에게 나쁜 마음을 품을 것 같아요. 그래서 어떤 요구라도 제가 할 수 있는 일들은 그냥 들어주고, 내가 좀 바쁘면 그만이지 하고 말아요."

"당신은 분명 좋은 사람이에요. 한 가지만 물을게요. 억지로 수용한 행동으로 바라는 결과를 얻었나요? 상대방의 요구를 즉시 수락하고 도움을 주었는데 만약 손해를 보면 그들은 어떻게 보상해주나요? 당신에게 고마워하기는 하나요?"

그녀는 한참을 생각하더니 답답한 듯 말했다.

"고마워하는 일은 거의 없죠. 오히려 인정 없다고 불평을 터트린 게 한두 번이 아니에요. 열심히 돕고도 일이 잘 안 되는 게 가장 괴로워요!"

이런 상황은 왜 발생할까? 즉시 거절해야 할 문제를 우물쭈물하다가 상대방에게 수락의 여지를 남겼기 때문이다.

부탁을 수락한 뒤 쉽게 해결할 수 없는 문제임을 알게 되거나, 자신이 너무 큰 대가를 치러야 한다는 사실을 알게 되는 경우가 있다. 그 뒤에 일어나는 결과는? 상대방의 예상을 빗나가 서로의 관계에 금이 갈 수 있다. 호의가 악의가 되는 것이다. 이러한 경우, 특히 단순한 부탁의 경우 가장 좋은 방법은 그 자리에서 즉시 거절하고 어떤 여지도 남기지 않는 것이다.

요구를 들어줄 생각 없다면 여지를 남기지 마라

누군가 호감을 드러낼 때 긍정도, 부정도 하지 않거나 못 알아듣는 척하면서 여지를 남기는 사람들이 있다. 그런데 상대방은 이를 자신에게 마음이 있는 것으로 착각할 수도 있다. 따라서 전혀 마음이 없다면 모호한 태도를 보이지 말고 반드시 똑 부러지게 거절 의사를 표시해야 한다.

잦은 부탁은 거절해야 무시 안 당한다

일을 하다 보면 동료가 일을 거들어달라고 부탁하거나 협조를 요청할 때가 있다. 한 사무실에서 일을 하고 있으니 서로 도와주는 것은 당연하다. 하지만 약삭빠른 사람들이 잘 거절하지 못하는 사람들을 이용하려 드는 것이 문제다.

한두 번은 그러려니 할 수도 있지만 매일같이 반복된다면 어떨까? 짜증이 극에 달하고 무력감을 느낄 수도 있다. 이런 상황에 부딪힌다면 어떻게 해야 할까?

먼저 동료에게 자신의 원칙을 분명히 말해야 한다.

"나도 해야 할 일이 있어서 도와줄 시간이 없네. 이런 일이 자주 있는 것 같은데 부장님께 인력을 충원해달라고 말씀드려보는 게 어때?"

이렇게 단호하고 분명하게 말해야 한다. 그러지 않으면 상대방은 당신을 우습게 생각할지도 모른다. 거절을 할 때에는 신경을 곤두세우며 상대방을 달아나게 만드는 것이 아니라 태도에 주의하며, 상대방이 나의 입장을 이해할 수 있게 자신의 어려움을 설명하도록 한다.

일반적으로 누군가와 사이가 안 좋아지는 이유는 당신이 그들의 부탁을 거절했기 때문만은 아니다. 거절 방식이 상대방을 불쾌하게 했기 때문이다. 그러한 태도로 인한 결과는 상상 이상이다. 심지어 그 회사의 앞날에 영향을 미칠 수도 있다. 적을 만드는 것과 같다. 그 뒤로 그는 기회를 엿보며 당신을 괴롭힐 것이다.

동료가 당신에게 다가와 부탁을 할 때 고개도 들지 않은 채 "지금 바쁜데?"라고 한마디만 한다면 상대방은 어떻게 생각할까? 그는 분명 기분 나빠하며 '남을 도울 줄 모르는 사람이구나'라고 생각할 것이다. 일과 관련해 거절할 때에는 그 이유를 상세히 설명해 상대방이 오해하지 않도록 해야 한다.

예컨대 상사가 다가와 즉시 문서 하나를 처리하라는 지시를 했다고 하자. 그런데 다음 날 있을 중요한 회의 자료를 바쁘게 정리하던 참이라 전혀 시간을 낼 수 없다. 그러면 당신은 고개를 들어 상사를 바라보며 온화한 표정으로 지금 바쁘게 하고 있는 일에 대해 말하고, 그가 현명한 판단을 내리기를 기다린다.

"부장님, 어떻게 하면 좋을까요?"

상사에게 판단하고 선택하게 하면서 스스로 거절을 생각하고 책임지도록 만드는 것이다. 그러면 당신은 리스크를 피하는 동시에 합리적으로 시간을 관리해, 감당하지 못할 약속 때문에 무너지고 마는 일을 예방할 수 있다. 이는 가장 좋은 방법이다.

만약 너무 늦게 거절하면 피동적인 위치에 놓일 수 있다. 설령 심각한 결과를 초래하지 않더라도 관계가 어색해질 수 있다.

켈리는 하워드라는 그의 제자에 대해 이야기해주었다. 하워드의 친구는 그에게 자주 돈을 빌려가곤 했다. 그 친구는 일주일에 한 번씩 전화를 걸어 이렇게 말했다.

"이봐, 친구. 급한 일이 있는데 50달러만 빌려줘."

하워드는 잠시 뜸들이다가 이렇게 말했다.

"아, 잠깐만. 이번 달 생활비가 부족하지 않은지 확인해볼게."

사실 그는 돈을 빌려주고 싶은 마음이 조금도 없었다. 자신이 쓸 돈도 충분하지 않아 때때로 부모님께 빌려서 생활을 할 정도였다. 하지만 그는 친구에게 돈을 빌려주었다.

항상 이런 식이었다. 돈이 필요할 때면 친구는 그에게 전화를 걸었다. 그는 늘 한번 생각한 뒤에 어쩔 수 없이 돈을 건넸다. 결심을 끝까지 밀고 나가지 못했던 것이다. 처음부터 자신의 입장을 드러내 친구가 단념하도록 하지 못했기 때문이다. 그는 늘 우물쭈물하다가 거절할 타이밍을 놓치고 말았다.

하워드는 이렇게 말할 수 있었다.

"정말 빌려줄 돈이 없네. 돈이 많았으면 벌써 집을 샀겠지. 내 상황이 어떤지 너도 알잖아. 겨우 90달러의 주급 중 절반은 생활비로 쓰고, 나머지 절반은 동생 학비로 집에 보내고 있어."

이런 거절을 받으면 친구는 어떻게 반응할까? 그는 분명 정중하게 말할 것이다.

"할 수 없지. 그렇다면 더 이상 난처하게 하지 않을게."

속으로 화가 나거나, 설령 절교까지 생각하더라도 그가 그 자리에서 시비를 걸지는 않을 것이다. 이 거절에는 합리적인 이유가 있고, 그가 받아들일 수 있는 범위 내에 있기 때문이다. 처음부터 그에게 부정의 답을 한다면 그도 예상했다는 반응을 보일 것이다. 그러므로 그가 원한을 품거나 복수할 것을 걱정할 필요는 없다.

거절을 할 때에는 다음의 원칙을 반드시 지켜야 한다.

먼저 경청할 것

거절하기 전에 절대로 상대방이 말할 기회를 박탈하지 말아야 한다. 본능적으로 반응해 되는 대로 거절을 통보해서는 안 된다. 상대방이 이제 막 한두 마디 시작했을 때 곧바로 거절하며 변명의 기회조차 주지 않으면 곤란하다. 이는 가장 잘못된 선택이다. 거친 태도는 거절 자체보다 더 상대방의 반감을 사고 서로의 관계를 무너뜨릴 수 있다.

우선 인내심을 가지고 상대방의 말을 잘 들어야 한다. 그리고 듣는 과정에서 감정을 이입하고 동정심을 가지며, 상대방의 이유와 요구를 이해하려 노력해야 한다. 경청할 때 상대방의 입장을 고려하면 그 요구가 그에게 얼마나 중요한지 당신이 이해하고 있음을 상대방도 알 수 있다. 이렇게 해야 거절할 때 상대방도 나의 진심을 이해하고 내가 경솔하게 거절하는 게 아니라는 사실을 알 수 있다. 충동적인 행동이 아니라 진지하게 고려한 끝에 내린, 객관적이고 어쩔 수 없는 결정임을 알게 된다.

진실할 것

진실한 태도보다 감동을 주는 것이 또 있을까? 거절할 때에는 먼저 상대방이 도움이 필요한 순간에 나를 먼저 떠올렸다는 사실에 감사해야 한다. 충분히 자부심을 가질 만한 것으로, 이는 곧 두 사람의 관계를 상징한다. 그러고 나서 거절하는 것에 대해 사과한다. 지나치게 허리를 굽혀 사과할 필요는 없다. 자칫 가식적이라는 인상을 줄 수 있기 때문이다.

거들먹거리는 태도로 상대방의 요구를 거절하거나 상대방의 부탁에 대해 불쾌한 안색을 드러내는 것은 좋지 않다. 물론 상대방을 얕보거나 무시하는 행동은 더더욱 금물이다. 이런 태도로 인해 친구도 잃고 나를 존중하는 마음도 잃을 수 있다.

그렇다면 진실한 태도를 보이면 어떤 점이 좋을까? 바로 거절한 뒤에도 우정을 유지하며 원만한 관계를 유지할 수 있다.

거절을 무작정 뒤로 미루지 말 것

때때로 "한번 생각해볼게요"라는 말로 완곡하게 거절할 때가 있다. 차마 면전에서 거절할 수 없어서 단지 시간을 끌며 상대방을 이해시키고자 할 뿐이라는 속뜻을 알리는 것이다. 하지만 이 방법은 잘못됐다.

만약 내가 계속 생각만 하고 답을 주지 않는다면 나의 이미지는 크게 훼손될 것이다. 그러므로 당장 면전에서 거절하고 싶지 않다면 생각하는 데 얼마의 시간이 필요한지 분명히 알리고, 그때가 되면 생각한 결론을 상대방에게 즉시 알려 신뢰를 주어야 한다.

No 거절은 항상 신중하게 할 것

● 거절을 할 때에는 먼저 문제의 성질을 이해해야 한다. 문제의 성질이 불명확하다면 즉시 대답하지 말고 일정한 시간을 갖고 생각해보도록 한다.

'상대방이 나에게 도움을 청한 문제는 무엇인가?'

'왜 이런 문제가 발생했는가?'

'그가 나에게 바라는 것은 무엇인가?'

'그를 위한 나의 행동이 나에게 어떤 영향을 미칠까?'

이러한 것들을 먼저 자세히 이해한 뒤 신중하게 생각해 나의 일에 영향을 미치지 않으면서 그의 문제를 도울 방법을 살펴보고 어떻게 도울지 정한다. 만약 문제의 성질에 대해 잘 모르는 상태에서 결정하면 거절하든 수락하든, 새로운 잘못이 생기며 그로 인해 새로운 문제가 나타날 수 있다. 따라서 아직 확신할 수 없을 때에는 시간을 두고 생각한 뒤 답을 해야 한다.

그렇다면 그 후에는 어떻게 거절하는 것이 좋을까? 쑤저우에서 일하는 뤄 씨는 이렇게 말했다.

"회사에 다닌 지 2년 반이 되었어요. 회사를 그만두고 친구와 함께 창업할 계획을 가지고 있어요. 원래는 올해 연말까지만 다니고 사직서를 제출할 생각이었는데, 사장님이 눈치를 채셨는지 갑자기 불러 1년만 더 도와달라고 하시더군요. 연봉은 30퍼센트 인상해주는 조건으로요. 생각해보고 답을 달라고 하셨는데 이제 일주일이 지났어요. 생각 끝에 저는 더 이상 회사에 머물지 않고 사표를 쓰기로 결심을 했어요. 그런데 어떻게 말씀을 드려야 할지 모르겠어요."

사장은 회사에 꼭 필요한 인물이라고 생각해 더 좋은 조건으로 붙잡으려 했지만 뤄 씨는 이미 떠나기로 결심했다. 이때 거절하는 방식은 매우 중요하다.

창업을 통해 성공을 거둘지 불분명하다면 사장의 호의를 가볍게 거절하는 것은 옳지 않다. 윗사람에게 인정받는 것은 얻기 힘든 기회다. 따라서 잘 생각해본 뒤에 거절할지 말지 답해야 한다. 만약 거절을 결심했다면 더욱 세심하게 준비한 뒤에 사표를 써야 한다. 회사를 떠나고 나서 창업에 어려움을 겪는다면 애초의 결심을 후회할 것이기 때문이다.

어떤 일의 좋고 나쁨을 판단하기 힘들 때 성급히 입장을 밝히거나 조급하게 의도를 드러내는 것은 어리석은 짓이다. 마치 회사에서 회의에 참석할 때와 같다. 대부분의 경우 사장이 회의를 여는 것은 생각을 통일하고 어떤 결정을 철저하게 실행하기 위해서다. 이때 사장은 이미 선택을 끝난 상태다. 그럼에도 회의에서 토론에 부치는 것은 사람들의 생각을 타진해보며 누가 자신과 같은 생각을 가지고 있는지 탐색해보기 위한 것일 뿐이다. 그렇다면 사장이 듣고 싶어 하는 말이 무엇이겠는가? 거절이 아닌 옹호, 반대가 아닌 지지다.

중대한 문제나 프로젝트에 대한 회의에서 만약 주요 인물의 의견과 어긋나는 주장을 하면 '다른 그룹'으로 취급되어 인정을 받기 어려워진다. 많은 젊은이들이 이러한 직장 문화를 이해하지 못해 중요한 순간에 잘못된 태도를 보이며 어려움을 겪는다.

중대한 문제에 대해 설령 반대하더라도 제일 먼저 의사표시를 하지는 말아야 한다. 적당히 침묵하며 기다리고 상황을 지켜보다가 적절한 때에 자신의 관점을 밝히는 것이 좋다. 이때 다음의 두 가지를 유념해야 한다.

잘 모르는 것은 말하지 않는다

만약 어떤 문제에 대해 잘 모르거나, 또는 어떤 일에 대해 말할 수 없다면 아무 말도 하지 않고 거절도, 긍정도 하지 않는 것이 가장 좋은 방법이다.

판단이 서지 않을 때에는 말을 아낀다

만약 깊이 생각해보았지만 어떤 입장을 취해야 할지 여전히 불확실하다면 성급히 발언해서는 안 된다. 어쩔 수 없이 의사표시를 해야 할 때에는 최대한 경청하고 되도록 말을 아끼며, 상대방의 기분을 상하지 않게 한다.

No 중요한 것은 방법이 아니라 태도다

● 언젠가 직장인 심리교육에 참가한 50여 명의 교육생들에게 이런 말을 했다.

"중요한 것은 지금 우리 앞에 무슨 일이 일어났는지가 아니라 그것을 어떻게 대하고 처리하는가입니다. 바로 우리의 태도죠."

난감한 문제에 부딪혔을 때 이렇게 생각할 수 있다.

'나는 날씨를 바꿀 수는 없지만 내 마음은 바꿀 수 있다. 나는 얼굴을 바꿀 수는 없지만 가장 진실하게 웃는 얼굴은 보여줄 수 있다. 나는 타인의 생각과 행동을 통제할 수는 없지만 나의 태도는 통제할 수 있다. 나는 내일 무슨 일이 일어날지는 예측할 수 없지만 오늘을 충분히 활용할 수는 있다. 나는 모든 일이 완승을 거두게 할 수는 없지만 모든 일에 최선을 다해 노력이 헛되지 않도록 할 수는 있다.'

나는 교육생들에게 '어떤 선택을 할 것인가?'에 대한 문제를 냈다. 내용은 매우 간단했다.

폭풍우 치는 밤에 차를 몰고 가다가 어느 버스정류장을 지나치게 되었다. 그곳에서는 세 사람이 버스를 기다리고 있었다.

첫 번째 사람은 곧 세상을 떠날 듯해 보이는 노인이라 매우 안쓰러웠다.

두 번째 사람은 의사이며, 예전에 당신의 생명을 구해준 적이 있는 은인이다. 당신은 그에게 은혜를 갚고자 하는 마음을 늘 가지고 있었다.

세 번째 사람은 아름다운 여성으로, 당신이 꿈에도 그리던 이상형이었다.

이때 당신의 차에는 단 한 명만 태울 수 있다면?

이와 같은 상황에서 어떤 선택을 할 것인지, 그리고 그 이유는 무엇인지 설명하도록 했다. 이것은 방법과 관계된 문제인 듯 보인다. 하지만 핵심은 응답자의 태도를 시험하는 것이다. 물론 모든 답에는 자신만의 이유가 있어야 한다.

모든 선택이 잘못된 것은 아니다. 중요한 것은 골치 아픈 순간에 어떻게 대처하느냐다.

"저는 노인을 구하겠어요. 돌아가시면 어떻게 해요."

"저는 노인과 여인을 거절하고 의사를 차에 태우겠어요. 저를 구해준 은인에게 보답할 기회니까요. 은혜는 반드시 갚아야 한다고 생각해요. 어렸을 때부터 부모님이 그렇게 가르치셨죠."

"저는 의사와 노인을 거절하겠어요. 의사는 풍부한 의학적 지식이 있으니 노인을 잘 보살펴줄 거예요. 하지만 꿈에 그리던 이상형을 놓치면 그런 기회가 다시 오지 않을 수도 있잖아요. 그러니 저는 여인을 차에 태우겠어요."

서로 각자의 의견을 말하며 교육장은 시끌시끌해졌다. 모두 자신의 태도를 밝혔다. 그중 한 사람만이 감탄할 만한 대답을 했다. 그는 이렇게 말했다.

"아주 간단한 문제예요. 자동차 열쇠를 의사에게 주며 노인을 병원으로 데려가도록 하고, 저는 차에서 내려 이상형의 그녀와 함께 버스를 기다릴 거예요."

이는 간단한 선택형 문제 또는 거절 문제다. 결과는 각자 인생을 대하는 태도에 따라 완전히 다른 양상으로 나타난다.

거절과 관계된 난제에 직면했을 때에는 먼저 거절을 한쪽에 치워두는 것이 좋다. 선택과 포기가 아니라 태도에 중점을 두어야 한다. 생각을 선택 자체에 두지 말고 객관적이고 올바른 태도를 유지하면서 가장 좋은 방법을 찾아야 하는 것이다.

거절의 가장 좋은 태도는 상대방이 스스로 부탁을 거두어들이도록 해 거절할 기회조차 만들지 않는 것이다. 이때 당신은 적절히 침묵하고 경청하면서 상대방을 관찰하면 된다.

흔히 '말이 많으면 실수가 따른다', '침묵이 금이다'라고 말한다. 성공한 사람일수록 의사표시를 할 때 신중하며, 이들은 항상 침묵으로 시작해 경청으로 끝난다. 떠벌리고 드러내는 것보다는 내성적인 태도가 낫다.

도저히 거절할 수 없을 때에는 최대한 적게 말하고 의사표시를 줄이는 편이 낫다. 물은 한번 엎질러지면 다시 담을 수 없듯이 한번 내뱉은 말은 주워 담을 수 없기 때문이다.

말을 제대로 했다면 다행이지만 만약 잘못했다면? 정말 거절할 수 없을 때, 또는 거절이 통제 못 할 결과를 초래할 수 있을 때에는 아무 말도 하지 않고 자리를 떠나는 것이 낫다.

다음과 같은 세 가지 상황에 우리는 반드시 단호한 태도를 보여야 한다.

기본적인 이익과 관계된 일일 때

기본적인 이익과 관련된 상황일 때에는 결코 부끄러워해서는 안 된다. 그렇다고 무슨 고상한 품격이라도 가진 듯 의기양양해서도 안 된다.

기본적인 이익에 대해서는 언제라도 물러서거나 타협해서는 안 된다. 포기는 더더욱 있을 수 없는 일이다. 대범하고 용감하게 쟁취하고 보호해야 한다.

만약 단지 부끄러움 때문에 권리와 이익을 잃었다면 아무도 당신을 이해해주지 않을 것이다. 오히려 당신의 불행을 보며 고소해할 것이다.

내가 잘할 수 없는 일일 때

내가 잘할 능력이 안 되는 일은 당연히 망설일 필요도 없이 거절해야 한다. 하지만 실상은 상대방과의 특별한 관계, 즉 동료, 친구, 친척 등과 같은 관계 때문에 쉽게 거절하지 못한다. 내가 잘할 수 없는 일임에도 남을 돕고자 위험도 마다하지 않는다.

그렇다면 결과는 어떻게 될까? 일이 잘 안 되면 상대방은 불쾌해하며 당신을 괴롭힐 것이다.

내가 정한 선을 넘으려 할 때

절대로 물러나서는 안 되는 일에는 경계선을 긋고 그 선을 넘지 않도록 해야 한다. 많은 사람들이 단지 부끄럽다는 이유로 자신의 원칙을 무너뜨리는데 이는 절대로 범해서는 안 되는 실수다. 이렇게 되면 자신의 권위를 잃고 이리저리 괴롭힘을 당할 것이다.

소심해도 때로는 당당하게

1판 1쇄 인쇄 2020년 9월 1일
1판 1쇄 발행 2020년 9월 21일

지은이 저우웨이리
옮긴이 고보혜
펴낸이 여종욱

책임편집 권영선
디자인 this-cover.com

펴낸곳 도서출판 이터
등 록 2016년 11월 8일 제2016-000148호
주 소 인천광역시 중구 은하수로229 영종한신더휴 스카이파크
전 화 032-746-7213 **팩 스** 032-751-7214 **이메일** nuri7213@nate.com

ISBN 979-11-89436-17-9 (03190)

이 도서의 국립중앙도서관 출판시도서목록(CIP)은 e-CIP 홈페이지
(http://www.nl.go.kr/cip.php)에서 이용하실 수 있습니다. (CIP제어번호:CIP2020035234)

값은 뒤표지에 있습니다.
잘못 만들어진 책은 구입처에서 교환해 드립니다.

《소심해도 때로는 당당하게》은 《오늘부터 웃으며 거절할게요》의 개정판입니다